技控

向方法要效率

刘春雷 易虹 王琳 — 著

中信出版集团｜北京

图书在版编目（CIP）数据

技控：向方法要效率 / 刘春雷，易虹，王琳著 . -- 北京：中信出版社，2024.4
ISBN 978-7-5217-6466-6

Ⅰ.①技… Ⅱ.①刘… ②易… ③王… Ⅲ.①工作－效率－通俗读物 Ⅳ.① C931.4-49

中国国家版本馆 CIP 数据核字（2024）第 059637 号

技控——向方法要效率

著者：刘春雷　易虹　王琳
出版发行：中信出版集团股份有限公司
　　　　　（北京市朝阳区东三环北路 27 号嘉铭中心　邮编　100020）
承印者：北京通州皇家印刷厂

开本：787mm×1092mm　1/16　　印张：16.75　　字数：160 千字
版次：2024 年 4 月第 1 版　　　　印次：2024 年 4 月第 1 次印刷
书号：ISBN 978-7-5217-6466-6
定价：69.00 元

版权所有·侵权必究
如有印刷、装订问题，本公司负责调换。
服务热线：400-600-8099
投稿邮箱：author@citicpub.com

推荐语

春雷先生长期扎根中国企业管理实践，在"助力中国企业强盛"这一使命感召下，潜心研究英、美、日、德等国企业的成功之道，融合科学管理思想与自己数十年的企业咨询经验，形成了这一帮助企业提质增效的智慧结晶——技控思维。

这本书引用大量中西方经典案例，对技控思维进行了全面系统的阐述，观点明确、论证严谨，语言精练、思想深刻，理论扎实、方法具体，具有较强的可读性和可操作性，读之如饮醍醐，用之顺手拈来，是企业管理咨询和企业管理实践领域一本难得的参考书。

李森林　清华大学继续教育学院副院长

今天，"降本增效"已被越来越多的企业重视，而如何做到它更成为大家非常关注的课题。《技控》这本书，正是刘春雷老师和团队20多年来在这个领域扎实耕耘的经验与心得的总结。书中既有技控的理念，也介绍了怎么做技控的具体方法和步骤，既有理论，也有生动的案例和来自各行各业的一手实践资料，内容丰富、深入浅出。很高兴推荐这本书，希望它能为更多企业的效率提升带来帮助。

马永武　腾讯学院前院长

努力十分不如借力五成，技控才是提高人效的天花板。《技控》一书系统描述了开发技控的方法和模型，从选题、展开、开发、定型到推广升级，是一部环环相扣的技控宝典。

章义伍 《流程密码》作者

这本书的三位作者与我认识多年，我知道他们这些年来一直在中国企业的绩效改进领域奋力耕耘，无论过程多么艰难，他们都未忘初心，令人十分敬佩。略显遗憾的是，他们多年的积淀和思考主要是通过培训的方式来传播的，受众面多少有些受限。

这次春雷老师将他们的著作《技控》发给我，请我写推荐语，这让我受宠若惊。拜读之后，我有几点感想，和诸位共勉。

首先，我从事管理工作20余年，深知绩效管理对绝大多数企业的管理者来说，都是令人非常头痛的一个问题，最主要的原因就在于人的管理实在是太复杂了。但这本书从人控到技控的角度出发，告诉管理者一个道理：即使缺乏对人心的洞察，管理者也可以通过对员工做事方法的改进获得绩效结果的提升。这对于所有管理者来说，都是非常有意义的。

其次，管理问题需要以"问题是什么/为什么—应该做什么—具体怎么做"这样的方式来应对。但很多管理著作和相关培训，往往只停留在"问题是什么/为什么"和"应该做什么"这两个环节，对受众来说价值不大。而这本书完整地提供了上述的问题应对思路，更具价值。

最后，书里提供了很多有意思的案例，不仅能让读者开眼界，使其深入思考问题的本质，还让阅读本书成为一件轻松愉快的事。

王新宇 《痕迹识人》作者，北京职信力管理技术有限公司首席顾问、管理专家

市面上涉及"提效"的著作不胜枚举，但是能够把企业的管理逻辑讲得这么透彻，把提效的方式写得这么具体，把工具在场景中应用得这么贴切，同时能够对尚未遇到的问题提出洞见的，或许只此一本了。有干货但不难懂，有方法但不艰涩，把很多原则和逻辑用最直白的方式表达出来，深入浅出且极具阅读性，值得反复品味，常看常悟。

薛锋　微步在线创始人兼CEO

"技控优先于人控"，这是企业经营绩效改进领域的经典原则。华商基业创始人刘春雷先生，是数字化绩效改进的先行者。在全球产业发展论坛上，我与春雷兄就绩效改进有过深入交流，今有幸为其新书写推荐语，我倍感荣幸。由于多年来为上千家企业经营效率提升提供咨询，春雷兄积累了丰富的实践经验，独创了业界独一无二，包括思想、理论、行为3个层面且逻辑严密的CODE模型，包含选题、展开、开发、定型4个步骤，以及工作扫描仪等8个核心工具，这是基于华商基业20年来为企业提供管理咨询服务的积淀而形成的开发技控措施的系统方法。该模型区别于业界其他改善管理工具或方法的一点是：其他工具或方法仅告诉你，在企业经营管理过程中，遇到问题时使用工具（表格）改善就可以了；而CODE模型则旨在让企业管理人员甚至一线人员掌握一套提升个人、团队、公司绩效的、可复制及循环使用的、可自我开发应用工具以无限提升效率的思维方法，也就是"发现方法的方法"。

随着生成式AI技术的爆发，一个以智能化为基础的大时代正在到来，技控措施时刻都在加速更替。处在这个技术大爆炸的节点，企业要做的是，紧抓机遇，不断进步，积极迎接AI+技控的大时代。

张占武　富士康工业互联网股份有限公司监事会主席

《技控》是一部内容充实，兼具理论性和实践性，且可读性很高的著作。当试图在激烈的竞争中胜出时，企业往往首先求助于品牌和营销，然而，对于规模已经处于行业前列，特别是流程复杂、问题频出的企业而言，书中提出的"技控"才是真正的制胜法宝。现实中，企业领导者的雄心经常被成本压垮，这本书提出的4E原则、CODE模型等颇具操作性的工具，可以将决策理性还给管理者，使其避免由于雄心与能力不匹配而陷入困境。按照书中精彩的观点来说，这本书提供的就是"发现方法的方法"。

马子业　西门子（中国）有限公司前副总裁

技控是华商基业专家团队在绩效改进理念的基础上，创造性地提炼和开发出的一套适合中国企业特点的提质、增效和降本的系统方法。CSTD（中国人才发展社群）与华商基业合作推广的技控导师认证和技控大赛，已经让很多企业受益。这本书不仅提倡运用技控措施解决问题，还呼吁组织的学习部门进行革命性创新。对于想深入了解技控在人工智能时代的意义和应用的专业人士来说，《技控》绝对是一本不容错过的著作。

熊俊彬　CSTD中国人才发展平台创始人

目 录

推荐序一 / XI
推荐序二 / XV
前　言 / XIX

第一部分　认知篇

第1章　人控与技控 / 003
解决问题的两条路径 / 004
传统上人们都喜欢人控 / 004
工业革命塑造了技控思维 / 006
技控与人控的协同 / 008

第2章　技控优于人控 / 011
效率是评价标准 / 011
技控是大幅度提升效率的路径 / 013
技控是效率的天花板 / 014

技控的其他优点　　/ 015

第 3 章　在找到方法之前，努力没有意义　　/ 019

成功就是重复一种正确的方法　　/ 019

关注"鹅"而不是"蛋"　　/ 022

先进的技控方法会碾压人的努力　　/ 024

"系错了第一颗纽扣"可能会错过整个技控　　/ 025

技控的天花板是认知水平　　/ 027

第 4 章　可复制扩张是最可靠的成功策略　　/ 031

连续成功创业者的秘密　　/ 031

企业成功的两个阶段　　/ 032

可复制扩张的过程　　/ 034

可复制扩张首先要坚守核心　　/ 036

回归核心是复兴的秘诀　　/ 037

可复制扩张是核心能力外溢的过程　　/ 048

第 5 章　真正的高手从不指望出奇制胜　　/ 051

高手的原则　　/ 052

必胜的策略　　/ 053

长期主义　　/ 054

胜在开战之前　　/ 055

第 6 章　比方法更重要的是"发现方法的方法"　　/ 061

方法就是竞争力　　/ 061

发现方法的方法更重要　　/ 063

正反馈循环的加速作用　　/ 064

第二部分　方法篇

第7章　技控密码　/ 069

简化事，赋能人　/ 069

开发技控方法要找到根本原因　/ 071

评价技控措施的 4E 原则　/ 072

是否存在发现方法的方法　/ 073

开发技控措施的 CODE 模型　/ 074

第8章　选题——锁定单点破局　/ 077

选题要兼顾重要性和可行性　/ 077

工作扫描仪　/ 079

选题登记表　/ 082

定义核心词　/ 084

选题示例　/ 086

第9章　展开——还原业务现状　/ 089

西红柿炒鸡蛋的过程还原　/ 089

工作画布　/ 090

技控定位图　/ 092

第10章　开发——找到技控措施　/ 097

行为工程模型　/ 097

行为工程模型的相关调研数据　/ 100

行为工程模型解读　　/ 103

BEM 编码器　　/ 107

优选矩阵　　/ 112

技控措施开发　　/ 114

措施说明书　　/ 115

第 11 章　定型——形成标准打法　　/ 119

行为设计　　/ 120

交互设计　　/ 122

防呆设计　　/ 125

迭代改进　　/ 130

测试评定表　　/ 132

封装三件套　　/ 134

第 12 章　推广与实践　　/ 137

推广计划 5 要素　　/ 137

推广形式　　/ 138

技控密码实践回顾　　/ 139

第三部分　升级篇　　141

第 13 章　技控的升级与进化　　/ 143

技控措施的 4 个级别　　/ 143

从印刷术的进化史看技控升级的过程　　/ 145

升级的 3 条主要路径　/149

升级要考虑的 3 个角度　/151

第 14 章　岗位级技控提升点效率　/157

第 1 层：数据、要求和反馈　/157

第 2 层：资源、流程和工具　/164

第 3 层：后果、激励和奖励　/166

第 15 章　流程级技控优化线效率　/173

确立纵向一体化战略　/173

建设供应链能力　/175

以用户目标为核心整合流程　/176

提升分工协同的水平　/178

追踪可评测的指标　/179

第 16 章　系统级技控增强组织竞争力　/181

小公司的灵活打不过大公司的系统　/181

建系统相当于由报时人变成造钟者　/184

系统是可复制扩张的基础　/186

将多个流程整合成一个系统　/188

系统通过持续的进化来不断提升效率　/191

第 17 章　生态级技控构建产业优势　/195

生态系统的整体性　/195

理解生态系统的限制性条件　/197

把一个点扩展为生态系统　/198

为产业建立生态护城河　/199

用生态对抗单一产品优势　／202

第四部分　实践篇　205

第18章　技控的三种实践类型　／207
辅助人类型的技控　／208
替代人类型的技控　／210
超越人类型的技控　／212

第19章　面向未来的技控　／215
范式转变与革命性进步　／216
戴森对传统范式的创新突破　／217
星巴克对成功方程式的调整　／218
面向未来的成长型思维　／220
《华盛顿邮报》以成长型思维拥抱未来　／222
迎接技控的 AI 大时代　／226

附录　全国企业技控大赛金奖案例　／229
全国企业技控大赛介绍　／229
案例：重庆国博中心展会满意度调查　／230
企业技控大赛要求　／235

后　记　／241

推荐序一

技控的"心道法术器"

《技控》的作者刘春雷是我在北京大学光华管理学院20多年前教过的学生，当年就是我信赖和看好的学生之一。在过去的20年里，他用10年磨了"技控"一剑，现在准备出版《技控》一书。我有理由认为，技控是重要的、有效的，尤其是在中国的企业已经过了野蛮生长、粗犷成长的阶段，到了精耕细作、效率为重的阶段之时。更何况，三位作者在实践的过程中，经历了千场的磨炼，积淀了不少精彩的案例，从大公司到小公司，从制造业到服务业，从央企到民企。

20年前，我在北大课堂上就给学生讲过我提炼出的关于管理的"心道法术器"体系。我之所以提出这套体系，是因为我有感于中国企业的管理似乎缺少某个环节或者某个环节很弱。当我提炼出"心道法术器"后，我认为中国企业在"法"和"器"这两个环节上比较薄弱，而"器"最弱。例如，我在做企业文化项目的时候，发现几乎所有企业的规章制度（法）对企业理念（心）的支持程度都不足，甚至与之背道而驰。而且，企业理念往往没有好的工具来承接，在推行过程中，每个人都靠自己的认知和实践所形成的方法。例如，我们认为客户关系很重要，但没有客户关系管理的工具，而西方人则发明了CRM（Customer Relationship Management，客户关系管理）软件，并将其延伸至生产管理系统，形成有效的企业管理工具，进而形成一个产业。

现在看《技控》这本书，我发现它呈现了一个完整的体系。我不再赘述它的理念、方法、工具等，书中描述得很清楚，在此我想用"心道法术器"来进行旁证。

技控之心就是相信技控优于人控。这本书的第一部分都在讲这个道理。如果不建立这种认知、这种理念乃至这种信念，后面的一切都难以为继。

技控之道是技控的目标和技控的重点，也就是技控的战略。我们实施技控的目的是什么？那么多技控点的轻重缓急如何判定？同时在多点上实施技控的核心要点是什么？书中多个章节对此有论述且辅以案例。

技控之法是支持技控的各种规章制度，也是我在这个体系里强调的重点之一。理念既要靠规章制度支持，也要靠奖惩机制支持，例如书中针对技控过程设置的及时奖励制度。

技控之术是方法，这是这本书的重点。这本书讲方法，讲发现方法的方法，讲技控的各种技术方法，讲施何技、如何控，这是本书最大的价值所在。

技控之器就是各种具体的工具，是把方法固定下来的流程，进而形成软件。书中有大量的表格和工具可供使用。正如我所说的，要有十八般兵器供战士们根据需要随意组合使用，最好形成软件或系统一类的管理工具。

如果我还以老师的身份让学生做一次答辩的话，我想问的问题是：技控是引自西方绩效改进理论的种子，开在中国这片土地上的"心道法术器"之花，那么这朵花中有多少中国独有的颜色？其中有没有在中国情境下形成的独特部分，例如在黑白分明的技控中，有没有任正非所说的"灰度"部分？

祝贺《技控》一书出版。预祝读者手握"技控"一剑，试其锋芒，所向披靡。

何志毅
北京大学光华管理学院教授
清华大学全球产业研究院首席专家

推荐序二

技控，一门必需的手艺

当留心的时候，你就会发现身边无数技控的应用，有的奇思妙想甚至会让你惊叹。简单的技控如草坪浇水用的自动灌溉喷头，包装袋上为了方便撕开而留的小缺口，以及道路上为了防止车辆与架空设施碰撞而设置的限高架，复杂一些的技控如会计用的复式记账，以及张居正为了计税推行的"一条鞭法"……技控既是规则、流程、方法，也是工具，简单来讲，技控就是让人更容易做对事的措施。

我最早学到这一点是在14年前，当时作为国际绩效改进协会（ISPI）中国区的创始会员，我第一次接触到绩效改进的概念，也第一次了解技控思维。过往的十几年时间里，我亲见春雷老师率领华商基业把技控方法应用于企业实践，帮助众多的企业提升效率、改善结果。我邀请三位作者把他们的探索所得集结成一本书，以便让更多的人了解、学习和应用。

很开心提前拿到这本书稿，读过之后发现它比我所料想的体系更完整、内容更深入，甚至连一些本应属于咨询行业的秘密武器也和盘托出。作为这本书最早的读者之一，我和大家分享三点感受。

第一，我们若想持续地提升效率，就要把着眼点从人身上扩展到人所用的方法上。因为改变环境比改变人容易得多。人的懒惰、马虎、疲惫、愤怒、嫉妒、恐惧……都有可能成为绩效提高的瓶颈。

与古人相比，不论是体力还是智力，现代的人并没有太大的进步。取得跨越式进步的是解决问题的方法，是人创造和使用技控措施的能力。现代的人之所以强于古人，原因之一就是每一代人都在使用更先进的技控措施去解决问题，不仅效率更高，而且更省力。所以，在追求效率的时候，我们不能只是督促做事的人更努力，还要寻找更好的方法。

第二，我们若想追求可持续发展，就要完成由拥有好方法到拥有"发现方法的方法"的跨越。

一旦将事物放到时间的大尺度中来考量，持续性就成为一个关键的考量要素。

再好的方法，也有适用条件的限制。对企业竞争来说，不论是营销、生产还是供应，此一时的优势，至彼一时都可能成为落伍的手段。要保证企业的永续经营，就要有不断创新的能力，就要有技控措施持续涌现的机制。正如这本书中所讲，我们不能只把注意力放在金蛋上，还要关注那只会生金蛋的鹅。

第三，我们若期待永无止境的进步，就要重视知识的传承和积累。

在生理上人类进步很慢，但是在见识上人类进步却很快，原因在于人类的知识是可传承的。人在遇到问题时，不需要每次都从头开始摸索，而是可以向他人请教，可以向历史学习。人类过往的经验和智慧都凝结为知识，而后人正是仰仗知识传承才可以向着更远的疆域出发。

我们是在进步的基础上取得进步的，每一次努力都要最大程度地复用前一次努力的结果。我们的每一次尝试都不会消失，过往每一个人的努力也不会消失，它们都成为我们迈向更高处的一块块垫脚的砖石。

愿我们翻开《技控》这本书后，都能关注方法的力量，都能学会"发现方法的方法"，也都能掌握"复用"的奥义从而摆脱低水平重复，因为那正是我们通向进步的道路。

最后提醒大家，技控很重要，但是不能忘了是人开发了技控，也是人在使用技控。如果技控是通向进步的道路，那么选择走哪条路就是人的自由。

樊登

帆书App创始人

前　言

经常有人问我，当企业遇到自身无法解决的问题时，是应该向一位资深的同行求助，还是应该向一位优秀的咨询顾问请教？

这时候，我通常会反问对方："你相信久病成医吗？"

我们之所以信赖医生以至于敢把性命托付给对方，不是因为他患病的经验，而是因为他治病的经验，不是因为他的承诺，而是因为他的能力。这种能力来自他多年的专业学习和训练，来自他所掌握的关于疾病的认知、诊断和治疗方法。

同样的道理，优秀咨询顾问的能力也来自他对专业方法经年不停地淬炼。

而关于技控方法的探索，我们在中国企业管理实践中已经进行了10年之久，但是决定把它以书的方式介绍给大家，却是缘于一次谈话。

樊登老师家的院子里有棵杏树，那天杏子熟了，王琳老师便提了篮子去摘杏。我和樊登老师在旁边喝茶，顺便聊起近年来帮助许许多多企业做改进的经历，不禁感叹不同企业在管理认知上的巨大鸿沟，"有时候你绞尽脑汁做出的创新，不过是别人信手拈来的常识"。

樊登老师多年来坚持"以书为帆，助人渡无涯学海"，于是他建议我写一本书向读者介绍一下技控方法。因为技控方法是易虹老师、王琳老师和我共同创造并实践的，所以我便邀请她俩与我共同完成本书。

对技控方法的关注始于我们2005年刚创建管理咨询公司的时候，当时我们觉得既然创立了咨询公司，就有责任和义务探索中国企业走向强盛的道路，好像这也是有志于成为咨询顾问的人所拥有的一种天然的使命感。虽然现在想起来觉得当时的自己有些不知天高地厚，但也正是这种"年少无畏"才使我们敢于去思考一些大问题。

当时思考的一个问题是：日本在二战后为什么能迅速复兴？

在研究过程中我们发现，20世纪70年代末，美国人也思考了同样的问题。当时美国的工业受到日本的巨大冲击，在全球市场上节节败退，但是美国人却找不到原因，更没有办法应对。

1979年，美国国家广播公司（NBC）的电视制作人克莱尔·梅森发现，原来是一位名叫爱德华兹·戴明的美国人在过去的30年中帮助日本企业从二战的废墟中崛起的，所以她拍摄了一部纪录片来讲述这个过程，片名叫《如果日本能，为什么我们不能？》（*If Japan Can, Why Can't We?*）。该片于1980年6月24日上午9:30播出，当即引发了全美反思企业管理的热潮，也激发了美国人接下来持续10年的赶超日本行动。

美国人当时的一个重要发现是，各国企业的竞争与拼杀，本质上是企业经营背后的管理理念和方法的对决。所以，我们转而开始研究中国企业的制胜之道。我们试图回答这样一个问题：什么才是中国企业应该选择的理念和方法？

我们先用10年时间对英、美、日、德等发达国家的企业发展史进行了回溯研究，对各类中国企业进行了实地考察，并对现代管理方法进行了系统梳理，提炼和开发了一套适合中国企业特点的提质、增效和降本的系统方法，我们称之为"技控"。

为了验证这套方法的先进性和实用性，我们又用了近10年时间将其应用于企业实践。我们和1 000多家优秀的中国企业合作，在数万个场景中一起使用技控方法，帮助企业走向卓越。

今天，在樊登老师的鼓励下，我们把被企业界视为"神秘武器"的技控方法以书的形式介绍给大家，希望本书能为咨询顾问提供另一种更强大的解决问题的武器，实际上我们公司的顾问每年都用它为客户创造超过亿元的价值。我们还希望本书能为职场人士提供在日常工作中可用的解题思路和方法，不论你是负责生产、营销、服务还是研发工作。更进一步，我们希望本书能成为大家生活中的助力，因为你可以用技控方法改善生活的方方面面。

技控是先有培训课程，后有管理实践，今天的结集成书就像是一颗果实成熟了，我们把它摘下来请大家品尝。作为作者，我们希望大家在品尝技控这颗果实的同时，也记住当年种下种子的人、施肥浇水的人、培育它成长的人、帮助它枝繁叶茂的人。我们想借成书之时，感谢为技控贡献了智慧和汗水的各位华商基业的伙伴，感谢徐丽、葛胜男和陈发第三位老师领衔启动了技控课程的开发，感谢技控产品经理张玥妍呵护并陪伴技控长大，感谢李广俊、张雪瓴和熊洁三位专家确定了技控的主干，感谢唐绪莹、刘庆、姚远、李涵子、文亮和陈赛兰等伙伴把技控发展为系统的课程和知识体系，更要专门感谢葛胜男和陈发第两位老师独立开发了技控导师培养课程，让技控可以更快地惠及更多的企业和个人。正是各位开发的技控密码课程和技控线上系统，让我们积累了数十万个技控实践案例，并由此形成了本书的主体内容。

感谢光尘文化创始人慕云五和编辑李思丹的悉心指导、规划和启发，感谢中信出版集团财经优品主编王宏静和策划编辑闫楠楠耐心又专业的沟通、辅导、督促和审校，正是因为有了大家的帮助和爱护，才有了这本书的面世、这颗果子的成熟。

感谢我的导师何志毅教授和好友樊登老师作为本书最早的读者为我们提出的宝贵意见，感谢多位老师和好友提前阅读了本书的一校版并做出诚恳的评价和推荐。

感谢更多为技控事业提供助力却因篇幅所限而无法一一提及的朋友。

刘春雷

2024 年 2 月 22 日

第一部分

认知篇

第1章
人控与技控

在医院病房，护士配药出错可能会造成严重后果。专家在对配药过程进行分析后发现，配药出错的主要原因是护士在配药时经常被医生和患者打扰。如何解决这个问题呢？医院设计了一款蓝色的工作背心，让护士每次配药时穿上它，上面写着"配药中，勿打扰"。人们看到这个醒目的背心就不再打扰护士了，结果在6个月内，配药出错率下降了47%。

换季的时候，很多孩子上学时会丢衣服，早晨穿着外套去上学，晚上却只穿着短袖回来。妈妈千叮咛万嘱咐也没用，怎么办呢？后来学校推广了一个方法，那就是告诉孩子：一旦把衣服脱下来，就立刻放进书包；如果书包放不下，就将其系在书包带上。于是，问题就解决了。

有一位大哥刚移民到美国，去加利福尼亚州看一位以前从国内移民过来的朋友，看到这位朋友将农场做得有声有色，他很是羡慕。回到自己所在的州后，他也买了一块土地准备开农场，并且打电话向加利福尼亚州的朋友请教。朋友问他买了什么样的地，他很自豪地说特别肥沃。没想到朋友说他买的这块地不适合开农场。与中国的情况不同，在美国，最好的地是贫瘠且没有肥力的。为什么呢？因为大规模的农场都需要机械化收割，所以作物长势需要一致，而只有贫瘠的土地才可以靠肥料控制作物长势。氮绿叶片、磷红花果、钾壮根茎，如果你的土地氮肥过高又不均匀，作物该开花结果的时候却拼命长叶子，就麻烦了。大哥这才明白，原来农作物的生长周期也是可以控制的。

上面这三个例子各不相同，但其中解决问题的思维方式是相同的，都是技控思维。

解决问题的两条路径

解决问题需要两个基本要素，一个是解决问题的方法，一个是使用这个方法解决问题的人。这就像阿基米德想撬起地球，就必须有一根杠杆，同时需要一个操作杠杆的人一样。因此，当想更好地解决问题时，我们就面临着两条改善的路径，即改善人或者改善方法。

我们把通过改变人来解决问题的路径叫人控，把通过改变方法来解决问题的路径叫技控。在解决问题时，优先选择从人控出发还是从技控出发是两种不同的思维方式，由此发展出两种不同的系统甚至不同的文明。而这两条路径碰撞到一起的时候，就有了优劣之分。

传统上人们都喜欢人控

中国人传统的思维方式中有一种人控的倾向，就是遇到问题时先从人的方面来想办法，一个问题得到解决通常以处理一批责任人为标志。

小周在北京工作，户口在近三百公里外的老家河北武邑县，为办护照往返两地六次，去一回被通知少一份材料，包括：（1）无犯罪证明；（2）公司在职证明；（3）公司营业执照；（4）公司外派人员资格证明；（5）本地身份证明。耗时一年，小周多跑了三千多公里。

2013年10月11日晚，小周的遭遇被央视《焦点访谈》以"证难办、脸难看"为题给曝光了。[①]当晚，河北衡水市委书记和市长连夜赶赴武邑县现场办公，对武邑县公安局当事人做出严肃处理，对相关领导严格问责。武邑县公安局出入境管理大队民警史某被调离公安机关，留党察看两年，行政降两级；武邑县公安局出入境管理大队大队长房某被免去职务，给予党内严重警告，行政记大过处分；分管领导王某被给予党内严重警告处分。

至此，这个问题解决了吗？小周个人的问题在领导的干预下解决了，但是直到2019年4月国家移民管理局发了一个通知，异地办理护照难的问题才真正得到解决。这个通知说的是，只要你是中华人民共和国的合法公民，你就可以在全国任意一个出入境管理部门的办事大厅，按照要求和程序申请办理相关证件，并且可以在线办理。

中国人为什么会形成这种人控的习惯呢？民族习惯通常由历史浸染和塑造，而我们对历史的认知陷入了一种"忠奸史观"。我们看待历史问题的逻辑类似于这样：岳飞是忠臣，秦桧是奸臣，赵构是昏君。问题的根源是奸臣蒙蔽了昏君，残害忠良，卖国求荣。所以，赵构如果能亲贤臣、远小人，重用岳飞，惩办秦桧，就能兴复宋室，还于旧都，甚至直捣黄龙，迎回二圣。

在《天朝的崩溃》一书中，茅海建先生讨论鸦片战争中林则徐和琦

---

① 资料来源：https://tv.cctv.com/2013/10/11/VIDE1381493520199733.shtml。

善这对忠奸历史人物形象时，就做过一段非常深刻的分析。他认为：在皇权至上的社会中，天子被认为至圣至明，犯错的最多只能到大臣一级，都是"奸臣"欺蒙君主，滥用职权，结党营私，施横作恶，致使国运败落；一旦除去"奸臣"，圣明重开，便万众欢腾。

忠奸的理论所能得出的直接结论是，欲取得战争的胜利，只需罢免琦善及其同党、重用林则徐及其同志即可，不必触动中国的现状。也就是说，只要换几个人就行，无须进行改革。忠奸的理论所能得出的最终结论是，鸦片战争暴露出来的不是天朝的弊陋，不是中华的落伍，反而证明了中国的圣贤经典、天朝制度的正确性，坏就坏在一部分"奸臣"并没有照此办理。

这种理论和模式经过长久的宣教，成为老百姓近乎本能的思维模式。直至今天，它仍然使人们在遇到问题时倾向于选择人控。

工业革命塑造了技控思维

与传统的小农经济不同，大规模的工业生产需要标准化，强调流程化，也更加依赖工具、设备和技术，因此重塑了人们的思维方式。这种偏向技控的思维方式，在很多经历了工业化洗礼的西方国家也就成为一种新的习惯。

我国有一家手机装配工厂，其生产线上有一道工序特别容易造成工伤。这道工序说起来也简单，就是流水线上会有一个装有手机配件、用胶带封好的纸箱流转过来，这个岗位的工人的工作就是用裁纸刀在胶带上划一下，再把纸箱掰开，然后纸箱就流转到下一道工序了。所以，这个工人每天的工作就是重复这两个动作：一划一掰。结果有一天，工人一不小心把左手的四个手指头都划掉了，只好接受调岗去看大门。

工厂对接替这个岗位的新员工进行安全培训，对他说："你一定要小心，千万不要把自己的手指头划掉。以前老韩把手指头划掉了，就去看大门了。你要是也把手指头划掉，连门都没的看，公司可就一个大门。"

那段时间有一家美国企业要收购这家工厂，在派工程师来了解情况时，恰好遇到了这件事。美国工程师特别不理解这项培训，问："谁会想把自己的手指头划掉呢？"工厂的培训师说："进行安全教育还不对吗？"对方解释说："你不能只要求他不要划掉手指头，却不告诉他怎么做才能不划掉，你没有教给他技控的方法。"然后，美国工程师就带大家按动作还原这个工作过程，发现工人每次都是用左手扶纸箱，用右手拿裁纸刀从右向左划，结果就可能会划到左手。最后，大家发现只要把这个工序的操作方法改为工人侧身从左向右划，工人就再也不会划到自己的左手。

在这个例子中，我们能够清楚地看到在处理问题时西方人和我们的思维差异：我们的第一选择是人控，而西方人的第一选择是技控。而且这种选择的差异性，也会影响当事人对一个事件的后续处理。

很多年前，一家美国医院出了一起医疗事故。一个住院病人呼吸困难，需要输氧，而病房墙上有两个接口：一个输氧，一个抽气。匆忙之下，护士把病人的输氧管错接到了抽气口，结果病人差点窒息死亡。出了这样的事，医院会怎样处理呢？

如果这件事发生在其他医院，那么护士大概率会被追责或处罚，积极一些的处理手段可能是培训或赋能，总之着眼点是人，也就是人控。但是这家美国医院没有这么干，他们调查后认为这不是人的问题，而是系统问题。任何一个能力再强、经验再丰富、做事再仔细的人，在情急之下都有可能犯这个错误。所以，解决问题的关键是如何才能保证任何人都不会弄错。最终，他们的解决方案是把输氧接口改为方形，而把抽气接口改为六角形。这种选择的倾向性，实际上就是在处理人类的两类错误时的一种优先性。

人类的错误有两类：一类是"无知之错"，一类是"无能之错"。无知之错是因为我们没有掌握相关知识，不知道怎么办；无能之错是因为我们没有正确使用这些知识，所以办砸了事情。技控思维先解决无知之错，强调先找对方法再付出努力；人控思维先解决无能之错，认为要发挥人的能动性，把方法用好、用对。

技控与人控的协同

虽然前文一直在讨论我们和西方人在选择解决问题路径上的差异性，但是技控和人控并不是对立的，而是协同一体的两个方面。在解决问题时它们就相当于人的一双脚，左脚是技控，右脚是人控。当你站稳左脚，确定了一种技控方法之后，你就要迈出人控的右脚，努力提高能力，把这个方法用得更熟练。但是每一种技控方法都有天花板，在达到一定程度后，人控的努力对结果的改善作用就不大了，这时候你就要迈出左脚，换成天花板更高的技控方法……如此往复。

比如银行柜员点钞这件事，当迈出了手工点钞这只技控的左脚之后，你可以通过改善人控这只右脚来提高效率，就是提高操作者本人的技能水平、熟练程度，辅以勤奋与专注等。但是手工点钞有天花板，不论操作者多么勤奋、多么熟练，达到一定水平后都很难通过努力来提高效率了。这时候你就要迈出技控的左脚,包括使用更好的工具设备、操作流程、信息系统、方法诀窍等。比如开始使用点钞机,点钞机的天花板要比手工点钞高很多,而二维码支付的天花板更高。

中国人当下是右脚强左脚弱,所以要向西方人学习技控,让自己的左脚也强大起来。当左右脚都很强大,并且能协调一致、交替加速的时候,我们才能真正地跑起来,才能拥有世界级的竞争力。

第2章
技控优于人控

你可能会想：选择人控模式又有什么不好呢？毕竟条条大路通罗马，做成一件事的方法不止一种，要解决一个问题总是可以找到很多条不同的路径，就像《周易》中所说的"天下同归而殊途，一致而百虑"。

虽然很多措施都可以解决问题，但是解决的效率却是有高低之分的，而效率正是衡量一种措施好坏的指标。

效率是评价标准

在资源稀缺的社会中，做任何事都免不了竞争，只有胜者才有分配权，才能继续生存。这就像自然演化中的物竞天择，选择的标准正是效率，最终优胜劣汰，适者生存。比如在商业社会中，企业要想在竞争中取胜，这两个条件至少要占一个：要么更好，要么不同。相对应地，企业竞争也发展出两种核心策略，即成本领先和差异化，任何行业、任何市场都是在这两种策略间来回摆动的。但是只要经营时间足够长，任何产业都会出现竞争合流，也就是所有企业都会挤到客户需求这条路上，出现同质化竞争。结果是，只要有企业开拓出一条可行的赛道，竞争者就会蜂拥而至，然后开始拼效率，追求所谓的"极致性价比"，只有成本领先者才能跑到最后。

企业效率高意味着成本较低，意味着当别的企业在持续不断的价格竞争过程中失去利润的时候，你的企业依然可以获得利润并活到最后。所以，所有竞争策略最终都会归为成本领先这一种，换句话说，就是看谁更有效率，这也是商业竞争的本质。

当企业极端拼效率的时候，市场上就会产生一种"平替"策略，即放弃主动创新而甘愿做追随者，在市场上搜寻畅销产品，然后快速模仿，通过高效率带来的低成本取胜。

福建泉州的达利食品就是将这种平替策略做到极致的一家公司。20世纪90年代，"哈韩族"兴起，韩国的好丽友品牌趁机进入中国市场，一时风靡一线城市。但是一盒好丽友派的售价是14元，这远远超过了二、三线城市的消费能力。这时候达利食品看准机会，推出了好丽友派的平替版"达利园蛋黄派"，进入下沉市场并迅速取得成功。

21世纪初薯片市场突然爆发，乐事薯片和品客薯片的广告铺天盖地，达利食品则马上在二、三线市场上市平替版"可比克薯片"，由于售价仅为乐事薯片的1/3，所以其很快成为爆款。

接下来，当王老吉和加多宝高歌猛进地打开凉茶市场的时候，达利食品推出凉茶平替品牌"和其正"。而当红牛打开功能饮料市场的时候，达利食品则推出平替版功能饮料"乐虎"。达利食品就是凭借"降价放量"的平替策略，势如破竹地攻克了一个又一个市场。

更厉害的是，虽然达利食品走的是下沉市场，产品价格往往比对标品低一半以上，但它的盈利能力却一点儿也不差，比如2021年达利食品的净利润率高达16.7%，而康师傅为5%，统一为6%，良品铺子为3%。所以，效率才是达利食品取胜的关键。

正是以效率为标准来评价，我们才说在解决问题方面技控要优于人控，或者说就提高解决问题的效率而言，技控比人控重要得多。

技控是大幅度提升效率的路径

历史上有一段时间，人类一度非常担心自己的未来。200多年前有一位英国牧师，名叫托马斯·马尔萨斯，他出版了一本小册子《人口原理》，在其中推断：人口是按照2、4、8、16这样的几何级数增长的，而生存资源仅仅是按照1、2、3、4这样的算术级数增长的，所以生存资源的增长赶不上人口的增长是自然的、永恒的规律，多增加的人口总是要以某种方式被消灭掉。这个理论被称为"马尔萨斯陷阱"。

但真实的历史是，人口更多了，人们的生活反而更好了。美国加州大学伯克利分校经济学家布拉福德·德隆的研究显示，人类在旧石器时代，用了250万年将世界人均GDP发展到了90国际元，然后在新石器时代也就是农业革命时代，用了1万年将世界人均GDP翻了一番，达到180国际元；之后从工业革命开始到今天，差不多260年的时间，世界人均GDP达到13 000国际元，增长了约72倍。

人类99.85%的财富是在0.01%的时间，也就是离今天最近的万分之一的时间里被创造出来的。人类应对马尔萨斯陷阱的方法是让经济实现了更快的指数级增长。

事实证明，每当一种方法、一个系统、一种模式到了增长极限的时候，人类总是能打破天花板，释放出更加广阔的增长空间。人类总是毫不犹豫地走在坚持变好、坚持发展的路上，人类总是去寻求、去开创更好的方法。

人类社会能够不断地进步，一代人比一代人能够过上更好的生活，不是因为人变得更聪明或者更勤奋了，而是因为技控在不断地取得巨大的、跨越式的进步。

技控是效率的天花板

技控因素对效率的影响要比人的影响大得多，人的因素带来的影响可能达到几倍或十几倍，但是，技控因素对效率的影响会达到成千上万倍。事实上，是技控方法决定了做事效率的天花板。在技控方法给定的情况下，不论人多么努力、多么熟练，做事的效率都会有上限，而只有打破这个天花板，采用新的技控方法，我们才能达到更高的效率。换句话说，如果想实现效率的巨大提升，我们就要依靠技控模式的改变。

1776年，亚当·斯密在《国富论》中用生产扣针的例子说明了这一点。

扣针制造大约分为18道不同的工序，比如抽铁丝、拉直、切截、削尖铁丝的一端等，分别由不同的人负责完成。有的小工厂只有10个工人，因此有几个工人需要负责完成两三道工序。这样的小工厂虽然资源匮乏得连必要的机械设备也很简陋，但是只要工人勤勉地工作，一天也能生产出12磅针。按照每一磅针有4 000枚来计算，这个工厂每天总共可以生产48 000枚针，即每人每天可以制造出4 800枚针。

但是，如果这些工人各自独立工作，没有一个人受过专门的训练，那么他们中的任何一个人每天肯定连20枚针都制造不出来，甚至1枚都制造不出来。换句话说，如果不进行适当的分工合作，那么他们不但不能完成每人每天在扣针工厂成针数量的1/240，恐怕连1/4 800都完成不了。

同样，亨利·福特在1913年开发的汽车制造流水线也是技控在效率方面碾压人控的实例。

以活塞杆组装为例，按照传统的方法，28个人每天装配175只，每只用时3分5秒；而工头在分析了动作之后，发现工人将一半时间用于来回走动，每个人要做6个动作，于是他优化了流程，把工人分成4组（工人再也不需要来回走动了），并在凳子上装了滑轮传动，结果7个人每天就能装配2 600只。而且使用流水线后，整车的组装时间也由原来的12小时28分钟缩短至90分钟，生产效率提高了约8倍。

回溯人类历史，我们能看到处处都是这种通过技控革命来提高效率的例子。比如传递信息，从鼓浪传音到狼烟示警，从驿站传书到电报电话，从文字语音到图像视频……人类为什么不断地更换生产方式？为什么不一直使用原来的方式？其原因就是为了追求更高的效率。

技控就是效率的天花板，你的生产方式和工具决定了你最高的效率水平。你想突破性地提高效率，只能通过技控的突破来实现。你必须到另外一个高度更高的天花板下面做这件事。这就像算盘和计算器一样，算盘的效率就是算盘的效率，使用算盘永远够不到计算器的天花板。所以，怎样才能让一个人的效率实现真正的飞跃？靠技术手段的飞跃和生产方式的飞跃，也就是技控的飞跃。

技控的其他优点

除了提升效率这个关键指标，技控与人控相比还有以下三个优点。

第一，可以由事后追责转向事前预防。

以前人们总要提醒年轻的父母特别注意两件事：一个是看好电源，因为小孩子好奇心强，凡是有孔的地方都想戳一下，所以一定要看好插座或者墙上的插电孔；另一个是看好家里的药瓶，因为很多药外面都有一层糖衣，小孩子会把药当糖果一样吃掉。但现在我们不用再担心这两件事了，为什么呢？因为现在家里用的都是没有孔的安全插座，小孩子想戳也戳不进去；现在很多药瓶也都是安全药瓶，必须先按一下才能拧开，小孩子打不开。这就是通过技控做到了事前预防，避免了损失和伤害，也不用事后追责了。

第二，可以对抗人性的弱点。

西服袖子上一般有三颗纽扣，据说这是从军服发展来的。当年拿破仑带着军队翻越阿尔卑斯山，好多士兵被冻得流鼻涕，就拿袖子擦。拿破仑觉得用军服擦鼻涕有损军威，就给士兵发了手帕，但还是不能杜绝士兵用袖口擦鼻涕。于是拿破仑想了一个办法，即在军服袖口朝上的一面钉上三颗纽扣。这样一来，只要士兵一用袖口擦鼻涕，扣子就硌鼻子，事情就解决了。后来，这个设计被沿用到了西装上，直到今天。

第三，可以传承经验。

有一家银行发现大额贷款被拖欠还款的现象越来越严重，调查后发现，这种现象主要集中在少数几家公司的业务上。原来是有些公司获得贷款之后，经营状况不理想，不能按时还款。这时，这些公司就会再找回来，跟银行放贷人员说："你上次借给我的1亿元暂时还不上，你要想让我还钱，最好再借我1亿元，等我把公司救活了，到时候一起还。"而银行放贷人员为了不损失之前的贷款，往往会再次借钱给对方。为什么呢？因为如果不这么做，就证明他们当初借给对方第一笔钱的决定是错的，所以他们会拿银行的钱拼命挽回自己的决策声誉。怎么办呢？发现这个事实后，这家银行就调整了贷款审批制度，要求评估新贷款的人不能是最初决定那笔贷款的人，而且同一家公司第二次贷款的审批人与第一次贷款的审批人不能是同一个人。结果，类似的问题再也没有发生。

这样的问题叫结构性问题，就是经常出现、反复发生的相似问题。凡是结构性问题都可以用一套标准的程序来解决，这在管理中叫作"结构性问题程序化处理"。这样做，解决问题的好方法就被传承下来了。

第3章
在找到方法之前，努力没有意义

为了弄清楚在充满不确定性的环境中，为什么有的公司能够蓬勃发展，而有的公司却表现不佳，吉姆·柯林斯花了9年时间对7家度过产业逆境且穿越动荡时期的企业进行深入研究，并把他的发现写在了《选择卓越》这本畅销书中。

成功就是重复一种正确的方法

在柯林斯的众多发现中，有一条与大众的认知恰好相反。传统观点普遍认为，在一个动荡的世界里，成功的领导者更勇敢也更有远见。但真实的发现却是，最优秀的领导者并不具备预测未来的能力，也并不比对照组公司的领导者更大胆、更愿意冒险。他们最明显的特点是会观察有效的方法，并确定为什么这种方法有效，然后用这种已被验证的方法开展工作。

找到成功的方法，然后重复这个方法。就像做饼干，先要做一个模子，然后重复使用这个"饼干模子"，就会生产出大量相同形状的饼干。

卓越的领导者会坚持做擅长的事情，而且会一直重复做这件事。

这个模子被柯林斯总结为SMaC法则，即明确具体的（specific）、有条不紊的（methodical），以及始终如一的（consistent），并以此作为公司的经营纪律，从而使公司几十年保持稳定。

1978年，美国通过了《民航放松管制法》，各航空公司都开始探索新的商业模式以应对即将到来的激烈竞争。西南航空的CEO霍华德·帕特南深思后决定继续坚持做最擅长的事情，为此他创造了西南航空的SMaC法则：

1. 只营运航程在两小时以内的短途航线。

2. 在10～12年内，承运机以波音737为主。

3. 保持所有运营飞机的高利用率和短周转时间（在大多数情况下为10分钟）。

4. 服务对象主要是乘客。不承运空运货物或邮件，只承运利润高、处理成本低的小包裹。

5. 保持低票价和高服务频率。

6. 不提供机舱餐食服务。

7. 不与其他航线进行联运。由于票务、税费、计算机设备以及公司独特的机场选择，不适合联运。

8. 继续把得克萨斯州作为核心市场，只在有高密度短途航线的情况下考虑其他州。

9. 让乘客感受到公司提供的优质服务和营造的愉悦氛围。为员工感到自豪。

10. 把事情简单化。继续接受现金购票，登机口关闭前10分钟取消预订以清除候补，简化计算机系统，在综合服务区提供免费饮料，在登机区提供免费咖啡和油炸面包圈，不要求登机后对号入座，客舱广播采用录音，飞机及机组成员当晚返回达拉斯，只保持一个居住及维修场所。

正是由于坚守这些法则，西南航空当时才赢得了残酷的竞争并在过去45年的时间里持续盈利，最终成就了25年投资回报达1 200倍的财富神话。

同样的事情发生在苹果公司。1997年，史蒂夫·乔布斯重回苹果公司成为临时CEO，他接手的是在前一个财政年度亏损10.4亿美元且濒临破产的公司。当时苹果公司的产品线混乱到多达14条，其中甚至包括服务器和打印机等苹果公司并不擅长的产品。乔布斯在意识到这些问题后，重新确立了苹果公司的SMaC法则：

1. 不允许其他人克隆公司的产品。
2. 让公司的产品与产品之间实现无缝协作。
3. 让设计变得友好和美观。
4. 无论设计还是营销都面向个人用户。
5. 保护个人隐私。
6. 举行盛大的发布会并且抓住用户埋藏在心底的热情。
7. 不要进入无法控制主要技术的任何业务领域。

依据这些法则，乔布斯大刀阔斧地将14条产品线缩减到4条，并且裁掉了3 000名与之相关的员工。这些措施使得苹果公司起死回生，重新焕发了活力。1998年，苹果公司扭亏为盈，年度盈利达3.09亿美元。

这就是一种良好的技控思维，也就是在做任何事情之前，确保找到了正确的方法。有技控思维的领导者关注的不是员工今天拜访了多少客户或者卖了多少货物，而是拜访成功或把货物卖出去的正确方法是什么，以及公司是否掌握了这种有效的方法。

2019年，在伯克希尔-哈撒韦公司的第54届股东大会上，查理·芒格在回答一个11岁男孩的提问时说："有一个非常简单的宗旨，这个宗旨是一句话。如果你去践行它，你就会发现这句话真的非常奏效。"这句话就是新加坡原总理李光耀所说的："看看什么是行之有效的，然后去行动吧。"

关注"鹅"而不是"蛋"

方法就像一只会生蛋的鹅，而结果是这只鹅生的蛋。真正的高手都知道要把注意力放在"鹅"身上而不是只盯着"蛋"，因为他们明白一个道理：只有找到那只会下蛋的鹅，才能源源不断地获得收入。

在一个企业家论坛上，一位著名学者对中国企业的管理水平做了一番评价。他说过去30年，多数中国企业的管理水平从30分进步到了70分，还有一些优秀企业做到了90分，相对来说，美国的优秀企业可以做到95分。但是对一个企业来说，90分到95分的差距比30分到70分的差距还大，也需要更多的努力和更长的时间。因为90分的企业和95分的企业可能是两个不同的物种，它们之间隔着一次质变。

长期来看，企业经营是不存在线性增长的，也就是说企业业务不可能一直以恒定的速度稳定增长，而是先快后慢或者先慢后快。

对数增长、指数增长和线性增长都是用来描述企业业务增长速度的，但它们在适用场景和特点等方面存在显著差异。

在企业业务增长模式中，对数增长的特点是发展初期快速增长，然后随着时间的推移，增长速度逐渐减缓，最终进入平台期。指数增长与对数增长在曲线形态上正好相反，这种增长方式的特点是增长速度会不断加快。

经济刚刚开始复苏的时候，百业待兴，大家都会倾向于选择对数增长，因为立竿见影。但每一个发达国家都经历过由追求对数增长到追求指数增长这种理念或者说范式的转变。

对个体来说，你的选择决定了你的命运，你把时间用在哪儿就在哪儿收获，区别只是选择的时候你是否知道结果。对数增长理念更注重经营进步，更在意当期绩效（蛋）；指数增长理念更注重管理进步，更倾向长期主义，也更能接受延迟满足（鹅）。中国企业也到了由追求对数增长转向追求指数增长的时候，要尽快学会用技控思维来"养鹅"，通过培养组织能力来赢得长期的竞争优势。

比如，酒店业的黑马亚朵成功的秘诀之一就是每家分店都有一套由总部委派的"两人班子"，一个是酒店总经理，另一个是酒店的HR负责人，他们负责招聘、培训，打造整个队伍的组织能力。亚朵的创始人王海军说："其他品牌可能会向分店委派业务型人员，在我看来，专注业务只能获得短期价值，只有把组织做起来，把人员培养好，企业才能更长青。"

亚朵还非常重视机制的建设，比如创新产品机制、供应链机制、反馈机制等。亚朵还有一个独特的反馈机制，叫作体验执法。每晚六点，所有亚朵酒店总经理都会收到一份清单，包含当日全部好评、差评。针对每一个差评，大家都要写出原因与整改方案，并于当晚在总经理大群中逐一复盘。亚朵目前有超过10万个房间，每天收到大量用户点评，却依然坚持复盘用户意见，从而找到改善用户体验的方法。这已经成了亚朵的肌肉记忆。

正是由于这种对"鹅"的长期重视，亚朵才取得了快速发展。截至2023年9月30日，亚朵集团在营酒店数量达1 112家，房间数达128 681间，注册会员数超过5 400万。根据弗若斯特沙利文的数据，从2017年到2021年，亚朵已经连续五年位居国内中高端连锁酒店规模第一位。[①]

先进的技控方法会碾压人的努力

当一种技控方法领先的时候，它可以无情地碾压人的努力。做任何事情，绩效的达成都是人的努力与技控方法共同作用的结果。然而，如果有两支队伍进行比赛，一支队伍有更多、更强的人但却使用落后的技控方法，而另一支队伍人数少但却使用更先进的技控方法，那么通常的结果是使用更先进的技控方法的队伍获胜。

在贾雷德·戴蒙德的著作《枪炮、病菌与钢铁》中，他专门分析了西班牙人凭借更先进的技控方法以少胜多，并最终征服印加帝国的过程。

当时，印加帝国是南美洲最强大的帝国，巅峰时期有至少300万的人口。1532年11月16日，西班牙探险家弗朗西斯科·皮萨罗率领168名士兵抵达秘鲁小镇卡哈马卡，在那里遇上了印加王阿塔瓦尔帕和他的

[①] 亚朵集团官网，https://www.yaduo.com/zh-CN/about。

8万大军。在双方会面的时候，西班牙人忽然翻脸动手，很快就俘虏了印加王，并且杀死了他手下约7 000名士兵。[1]

在人数差距这么大的情况下，为什么西班牙人能以少胜多呢？因为他们装备了钢铁制造的盔甲、利剑，可以在一分钟内杀死十几个印加士兵。印加士兵装备的石斧、木棍和弓箭，根本不能穿透西班牙人的盔甲，因此西班牙士兵可以肆无忌惮地屠杀他们。在后来的战役中，西班牙人开始使用火器，他们的优势变得更大了。印加人以及其他美洲土著更害怕的是西班牙骑兵，在空旷的战场上，面对西班牙骑兵的冲锋，他们总是不知所措。在实战中，20名西班牙骑兵的集体冲锋足以打垮1万名印加士兵。

实际上，这是两种技术的碰撞、两个体系的对决。

"系错了第一颗纽扣"可能会错过整个技控

技术发展中有一个"科技树"的概念，就是一项技术往往是以另一项或另几项技术的研发为前提的，比如你想研发"砌砖"这项技术，就一定要先研发"采矿"技术。这些技术排出枝枝蔓蔓的先后顺序，形成了宛如一株大树般的系统。

在这株科技树中，"畜牧业"被设定为研发"轮子"的必备条件，但因为印加文明中没有可以驯服的大型动物，所以"畜牧业"这个分支始终没有长出来。缺了牛、马、驴、骡这样可以拉车的大型牲畜，没有了马车、牛车甚至驴车、骡车，轮子当然也就不可能出现了。而没有了

---

[1] [美]贾雷德·戴蒙德.枪炮、病菌与钢铁[M].王道还，廖月娟，译.北京：中信出版集团，2022.

轮子、打磨精细器具的砂轮、机械设备必不可少的齿轮、勾吊重物的滑轮,乃至风车、水磨这些东西,统统都不可能在美洲出现。

所以美洲土著没有发展畜牧业,绝不仅仅是错失了一项技术那么简单,而是失去了某个科技枝杈上的一个完整分支。因此,他们的科学技术被锁死在石器文明阶段。

近代中国与此类似。

英国学者李约瑟在《中国科学技术史》中提出了著名的李约瑟之问:"中国古代文明对人类科技发展做出了很多重要贡献,但为什么科学和工业革命没有在近代的中国发生?"

中国是享誉世界的文明古国,有关资料显示,从公元6世纪到17世纪初,在世界重大科技成果中,中国所占的比例一直在54%以上,而到了19世纪,这一比例骤降为0.4%。中国与西方为什么在科学技术上会一个大落,一个大起,拉开如此之大的距离,这就是李约瑟觉得不可思议且久久不得其解的问题。

合理的答案可能就是因为中国错过了一个关键节点。

英国历史学家艾伦·麦克法兰在《玻璃的世界》中揭示了一个可能的原因:中国古代的瓷器制造水平实在太高了,这导致玻璃制品在中国一向都不重要,中国人和玻璃擦肩而过,也错过了至关重要的发展机会。

历史学家分析了对人类社会影响最大的20个科学实验,发现16个都用到了玻璃,其中大部分甚至完全依赖玻璃,比如牛顿用棱镜对光进行分析、巴斯德研制人工疫苗等。事实上,中世纪以来的科学实验室都离不开各种玻璃制品,包括烧瓶、烧杯等,你很难想象一个没有玻璃制品的实验室。也正是因为缺乏玻璃技术,所以我们才没有眼镜、望远镜、显微镜等一系列应用，无论在宏观还是微观领域，我们观察世界的角度都受到了限制，错过了天文学也错过了生物学的发展。而由于与这一个节点的擦肩，我们最终错失了现代科学也错过了工业革命这一大波浪潮。然后，当我们遭遇工业革命这个更先进的技控思维和方法时，我们发现人数和努力都不堪一击。

用埃弗塞·多马的话来说，如果没有技术进步，"资本积累就等同于在木犁上累加木犁"。

技控的天花板是认知水平

科学的目的不是打开无穷智慧的大门，而是在无休止的谬误前面画一道界线。

——贝托尔特·布莱希特，《伽利略传》

我有一次与一位做餐饮的大佬一起吃饭，请他评价一下这家饭店的水平。他起身转了一圈后说："一般。"看到同桌的人都一脸困惑，他给大家解释了一番。原来一家好的饭店会有一两道几乎每桌客人都点的菜，很多人是为了这一两道菜来的。而在这家饭店，每桌客人点的菜几乎都不一样，这说明大家都是因为工作或生活在附近，为了方便来的。如果大家是为了方便来的，那么开在写字楼的饭店周末和晚上就没客人来，开在商场的饭店非周末时间就会空着。

每个行当有每个行当的秘密，很多人入了这一行却不知道这个秘密，就很容易被无知之错打败。

认知是行动的先导。人类的每一次巨大进步都源于认知的突破，源于对无知之错持之以恒地消除。一代代的先驱就像《星际迷航》那句著名的台词所说的一样：勇踏前人未至之境。

效率的天花板是技控，技控的天花板是认知。我们从美国成为当今世界头号科技强国的历程中可以看到认知突破对技控发展的关键作用。

技控方法是科学、技术和工程的三位一体。科学是原理，技术是手段，工程是实践。比如，核能源利用的科学原理即质能方程是客观存在的，但是很多国家知道原理却没能掌握核技术，而掌握核技术的国家也只有极少一部分有能力来实施核工程。再比如，从牛顿提出第三运动定律到阿波罗11号利用这个原理登月，中间需要克服的技术和工程难关数不胜数。

美国的科学技术水平在二战后得到巨大的提升，最重要的原因之一是其重视基础研究。基础研究成果距离实际应用很远，但若搞清楚原理，应用的潜力就能发挥得更彻底。美国的科学技术发展有两个标志性的事件：一个是美国第一任物理学会会长亨利·奥古斯特·罗兰1883年8月24日在《科学》杂志上发表《为纯科学呼吁》一文。该文是罗兰在当年美国科学促进会年会上的演讲稿，它改变了美国对基础研究的看法。

另一个是1945年7月美国科学研究与发展办公室主任范内瓦·布什向美国总统提交了一份科学报告——《科学：无尽的前沿》。报告中说："进行基础研究并不考虑实际目的。它产生的是一般性知识以及对自然及其规律的理解。它提供的是科学资本，是所有实际知识应用的源头活水。今天，基础研究是技术进步的引领者，这一点比以往任何时候都更接近真理。"

同样，日本企业的技控水平能够在二战后迅速提升并带动整个日本工商业的崛起，其中最关键的一个原因也是认知的突破。

日本丰田汽车公司东京总部的大厅里挂着3张大照片，一张照片上是丰田的创始人，一张照片上是丰田目前的总裁，第三张照片比前两张都大很多，照片上的人是戴明。对戴明的这种敬重不是发生在丰田这一家企业，而是几乎所有日本企业都有一个共识，认为是戴明让新日本诞生的。

一般人会认为戴明对日本的主要贡献是帮助日本企业提高了产品质量，其实这不是最重要的，戴明对日本最大的贡献是让日本企业有了技控思维。戴明说："尽力而为是不够的；你必须知道该怎么做，然后尽力而为。"戴明在1950年提出"使生产成为系统"的要求，让日本人普遍接受了"质量是稳定的质量系统的产物"这一理念。也正是因为日本管理者和工程师三十年如一日地构建了一套质量系统，日本制造业最终才能在全球胜出。

多数中国企业的观念还停留在人控层面，很多人认为完美的质量源于工匠精神。智能制造专家林雪萍先生说："工匠精神并不能确保质量，追求完美的态度不能，勤奋地工作不能，热情洋溢的状态也不能确保质量。质量是由一个体系所生成的，它是一把连环锁，每个参与者都只有其中的一把钥匙。一个简单的事实是设计决定了产品固有质量及可靠性水平，而工匠精神只能在车间做到有限的补救，但无法超过设计的质量预期。"

技控思维实际上是一种工业思维，因为错过了现代工业革命的洗礼，中国企业的思维至今还停留在工业时代之前。要想跟上现代企业的步伐，中国企业就必须补上这一课。

第4章
可复制扩张是最可靠的成功策略

芒格说:"我能成功,是因为年轻时掌握了几个思维方法并反复使用。"

连续成功创业者的秘密

大众常常会因为幸存者偏差而高估创业者的成功率,就像在高铁上做调查,会发现过年回家的车票并不难买一样。其实创业的成功率低得吓人,创立后能存活3年的企业不足5%。

但是有一些人创业的成功率却高得离谱,比如季琦,他1999年创立的携程于2003年上市,2002年创立的如家于2006年上市,2005年创立的汉庭也在2010年上市。10年内连续创立3家公司并上市,对他来说创业真不难。

又如刘强东,拥有横跨中国香港和内地以及美国三地的7家上市公司,其中带京东名头的就有京东集团、京东健康、京东物流,还有已递交材料的京东科技。

还有大家可能不太熟悉的、科学家出身的常兆华博士，通过不断分拆上市，其旗下已有6家已上市或即将上市的公司，分别为微创医疗、心脉医疗、心通医疗、微创机器人、微创电生理和微创脑科学，他保持着每年至少上市一家公司的节奏。而且他名下还有微创佐心、微创骨科、微创医美、微创子牙等几十家储备公司，几乎在整个医疗器械行业进行了布局。

小米的雷军、美团的王兴、字节跳动的张一鸣、理想汽车的李想等，他们有一个共同的身份，就是"连续成功创业者"。他们也有一个共同的特点，就是创业成功率极高。

为什么会出现这种现象呢？原因就是连续成功创业者都使用了同一种高成功率的方法，叫可复制扩张。这种可复制扩张方法就源于技控思维，强调先找到成功的方法，然后重复使用这个方法。

企业成功的两个阶段

在《新闻周刊》评选出的美国文化在世界最具影响力的二十大象征符号中，麦当劳排第4位，星巴克列第19位。但这两个相距20多年创建的品牌，成功的经历却惊人地相似。让麦当劳和星巴克真正成功的人都不是最初的创始人。

1954年，卖奶昔搅拌机的商人雷·克罗克接到一个大订单，麦当劳兄弟要买8台机器，他非常好奇什么店会需要那么多奶昔搅拌机。于是他决定到麦当劳餐厅一探究竟，结果令他大开眼界，他看到顾客在门外排起了长队，而店内标准化的流水线制作出便宜又好吃的食物。这让他觉得麦当劳潜力无限，最终买下了麦当劳兄弟的公司，将麦当劳发展为世界连锁快餐业的一大巨头——麦当劳目前在全球有超过 40 000 家门店。

霍华德·舒尔茨本来是一家瑞典公司在纽约的商务人员，主要销售厨房设备和家庭用品。1981年的某一天，他忽然接到西雅图的星巴克咖啡店的订单，其订购了很多滴漏式咖啡机，订购数量比当地的梅西百货还多。于是，舒尔茨决定前往西雅图实地考察。当真正来到星巴克后，他就彻底被这家店给征服了，并最终于1987年收购了星巴克，带领星巴克成为在全球拥有超过 35 000 家门店的连锁品牌。

我们看到，不论是麦当劳还是星巴克，在成长过程中都经历了一个接力的环节，即第一棒完成了样本，第二棒完成了扩张。整个过程可以清晰地分为从0到1和从1到N两个阶段。

不论是从1940年麦当劳兄弟在圣贝纳迪诺开了第一家名为"麦当劳烧烤"的餐厅算起，还是从1948年麦当劳引入"快速服务原则"，变成了一个"快餐厅"算起，麦当劳都经过了一个漫长的小而美阶段。直到1955年克罗克加入后，麦当劳才开启轰轰烈烈的全球扩张旅程。同样，从1971年创立起，即使星巴克三位最初的创始人经营了10年，星巴克也不过是一个小生意，直到1981年舒尔茨到来，才带领星巴克驶向新大陆。

其实，这个过程对中国企业来说并不陌生。中国有很多成功企业在初创期都是先模仿市场上已经成功的先例，然后才完成超越和创新的。美的和腾讯都不强调原创，而长城汽车早期采取的策略叫"三仿一杀"，即在外观、内饰和动力系统方面学习国外比较成熟的汽车品牌，然后再把价格"杀"下来，凭借复制别人的成功完成早期的积累。

可复制扩张的过程

可复制扩张的过程分为两个阶段：先根据环境，找到成功的样本；然后寻找类似的条件，复制这个样本。柯林斯把这种方法描述为"先发射子弹，再发射炮弹"。首先，发射子弹，以确定什么是有效的；其次，一旦有了基于这些子弹的实证，就可以将资源集中起来发射炮弹。

哪怕是比尔·盖茨和乔布斯，也无法预测未来。他们也不是一下子就找准创新的突破口而大获成功的，他们曾发射了很多并未击中目标的子弹，走过的路上弹坑遍地。

著名运动品牌耐克非常严格地遵守这个规则。菲尔·奈特1964年创立公司之初，还是给日本制鞋品牌亚瑟士做经销商。直到1972年，他才将公司名字变为耐克，并开始自主设计鞋款。

耐克和许多公司一样，花了多年时间来寻找成功的模式，形成并修正扩张战略。

最初耐克专注于提供物美价廉的跑鞋，由运动员为运动员设计鞋子。1972年，耐克与奥运田径明星史蒂夫·普利方坦签约，开始尝试由知名运动员为品牌代言的方式。但直到1985年，耐克签下篮球新星迈克尔·乔丹作为代言人，并成功进入篮球鞋领域之后，才确定基本的成功模式，耐克称之为"影响力金字塔"，即一小部分顶尖运动员的偏好能够影响消费者的产品和品牌选择。

于是耐克开始进入发射炮弹的快速扩张阶段。耐克1986年签下职业网球球星约翰·麦肯罗，顺势进入网球产品领域，并且在20世纪90年代加快扩张速度，进入棒球、美式足球、自行车、排球、徒步旅行等多个领域。

耐克于1988年开始进入高尔夫球鞋市场。1996年，耐克又以1亿美元的酬劳签下高尔夫球选手泰格·伍兹，大举进入高尔夫装备市场，推出以"老虎"伍兹命名的专属高尔夫装备系列，以及球袋、眼镜与手套配件。三年后，耐克进入了更难以征服的高尔夫球市场，在整个高尔夫球界掀起了波澜。

克里斯·祖克在《从核心扩张》一书中清楚地说明了耐克的扩张过程，如图4-1所示。

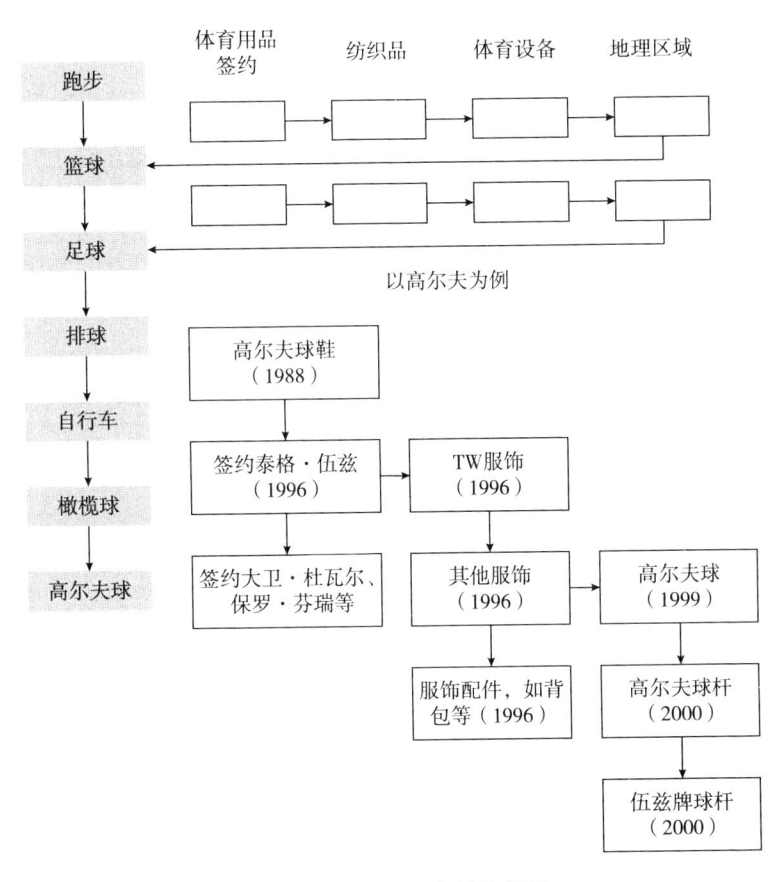

图4-1 耐克的业务扩张进程

第4章 可复制扩张是最可靠的成功策略

凭借可复制扩张模式，耐克在产品类别和地域市场上不断扩张，成为世界顶级的运动服装和鞋类制造商。从手表到滑板再到泳帽，耐克的标志无处不在。

可复制扩张首先要坚守核心

早在2014年，苹果就秘密组建了几百人的造车项目组，并给这个项目取名为"泰坦计划"，这一度让各家新能源车企如临大敌。但是直到今天，苹果造车还没有进入实质性阶段。

入局新能源汽车赛道所需的品牌、资金、技术和人才，可以说苹果一个不缺，而且相对于其他造车新势力，苹果是有极大优势的。

第一，苹果最不缺品牌忠诚度，很多"果粉"在网上说钱早存够了，就等着排队了。

第二，苹果有钱，这点相当重要。搞新能源汽车非常烧钱，蔚来CEO李斌曾经很悲壮地说："没有200亿元不要造车！"而200亿元对苹果来说简直不值一提。苹果坐拥3 000亿美元的现金流，烧钱能解决的问题对苹果来说都不是问题。

第三，在技术储备方面，苹果在手机上的软件、系统和生态优势可以无缝转移到汽车上。苹果iOS的汽车版本已经在开发，CarPlay系统也早已经成为一个超级App，而且苹果在自动驾驶和车身设计方面拥有大量专利。

第四，苹果挖到了大量汽车专业人才。比如，挖来保时捷的赛车项目负责人亚历山大·希青格尔，从谷歌挖来约翰·詹南德里亚负责其机器学习和AI战略任务，聘请自动驾驶汽车公司Waymo的原高级工程师杰米·韦多，从特斯拉挖走了至少46名核心员工，包括特斯拉的工程副总裁迈克尔·施韦库奇。

万事俱备，苹果怎么还不造车呢？

因为苹果担心自己的核心优势——供应链管理能力无法复制到造车上，而它才是苹果最重要的核心能力。在苹果的手机供应链中，供应商需要按苹果的要求进行定制开发，与苹果强绑定。虽然前期投入很大，但苹果手机足够大的出货量能够保证供应商获得丰厚的回报。

但造车不同。汽车供应链比手机供应链复杂得多，核心供应商也远远不止200家，苹果不可能对这些供应商都保持强控制。而且苹果再牛，也不可能一开始就在新能源汽车市场占据很大的份额，供应商不太可能为了"苹果定制"而做大量额外投资。

所以，即使强大如苹果，在涉及核心能力的问题上也是慎之又慎。总之，苹果在没有想清楚供应链该怎么做之前，是不会贸然下场造车的。

一个公司决定要不要进入一个新领域，进入什么新领域，最应该考虑的可能不是"这个市场有没有机会"，而是"我的核心能力能不能迁移过去"。

回归核心是复兴的秘诀

对公司发展来说，从核心能力出发的可复制扩张会不断打开新的天地，但是一旦脱离原有的核心能力，失败的风险就会被迅速放大。

乐高是丹麦的一家国宝级企业，由奥勒·克里斯坦森于1932年创立，今天管理乐高的已是家族第四代接班人。90多岁的乐高却是一家不断创新的公司，而它的整个创新史跌宕起伏。1979—1993年，乐高经历了长达15年的快速成长期，年均增长率为14%，公司的销售额每5年就翻一番。但在2000—2004年，乐高经历了长达5年的亏损，一度面临破产清算的危机。很少有一家跨国巨头像乐高一样大起大落，跃上高峰又跌入深谷，濒临破产又重获新生。

乐高玩具之所以能风靡世界，最初的原因是它发明了一种"凸起+孔"自锁积木结构，每块积木都可以和其他积木任意拼接，搭出各种造型。你如果有6块八面凸起的长方体乐高积木，就可以搭出上亿款组合。"咔哒"声带来的综合体验让人着迷，这种"拼接的力量"也将乐高与其他玩具制造商区别开来。

1958年，第二代管理人哥特弗雷德·克里斯坦森确立了乐高六大产品原则：（1）限制大小但不限制想象力；（2）让消费者买得起；（3）简单、耐用、种类丰富；（4）男女老少皆宜；（5）玩具中的经典，无须更新；（6）分销渠道畅通。

确定边界之后，乐高所做的就是在有限边界内无限创新。1978年乐高发布迷你人仔，它们拥有能拿住物体的手和可移动的肢体，这是乐高在积木之后第二项最重要的设计。

哥特弗雷德最大的成就是让乐高从生产单个玩具发展到创造整个游戏系统。带着这种顶层设计理念，乐高让所有积木都具有向前兼容性，所有创新都是在乐高系统性基础上的创新，让不同形状、不同套系、不同年代的产品都可以更好地组合在一起。一个套装里的乐高建筑模型和来自不同套装的汽车、灯塔、交通信号灯、铁轨等都能无缝连接，每块乐高积木都可以和其他乐高积木相拼接，这就意味着每套乐高积木都可以不断扩充，亦即乐高积木的消费是在不断延展的。

1979年，31岁的第三代管理人凯尔·克里斯坦森开始接手乐高公司，将产品经营重心确定为以套装为主，包括乐高小镇系列、乐高城堡系列、乐高太空系列等，其中乐高迷你人仔起到了至关重要的作用。由于人仔和主题的出现，乐高成功将叙事和角色扮演融合起来，创造出一种令孩子身临其境的拼砌体验。乐高开始急速扩张。

从欧洲到北美，乐高开始了它的全球扩张之路。在1979—1993年的15年里，乐高的销售额翻了好几倍（见图4-2）。20世纪90年代中期，这个名不见经传的比隆木匠的生意，变成了一个在全球六大洲拥有45家分公司以及近9 000名员工的大集团。

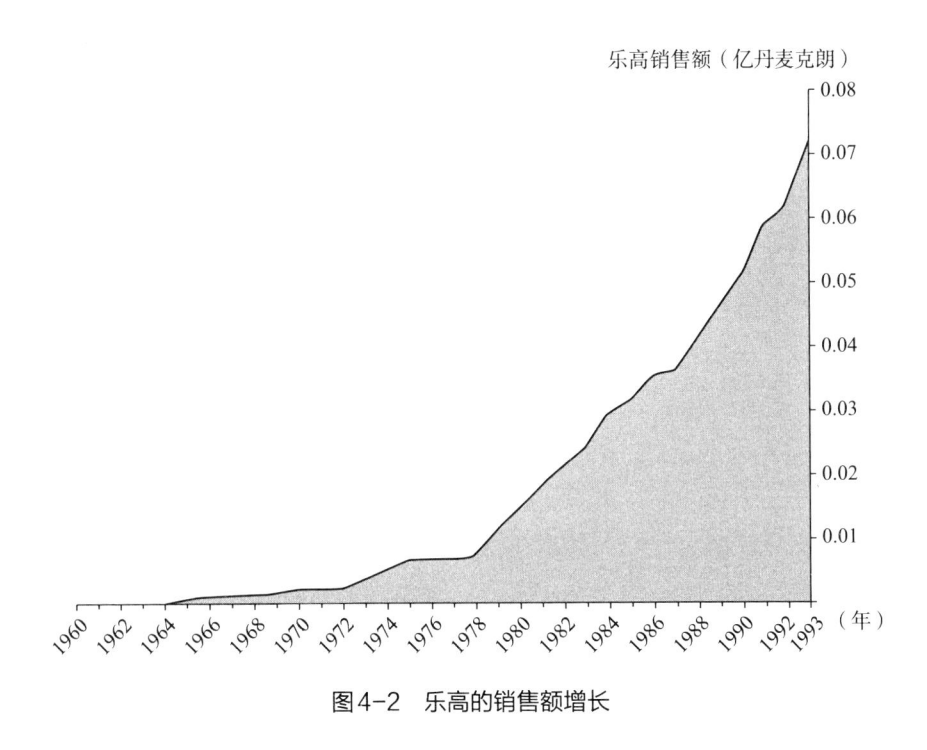

图4-2 乐高的销售额增长

表面上看，乐高集团的迅速成长势不可当，但乐高管理层发现他们面临着前所未有的挑战。

第一个挑战出现在1988年。在这一年，乐高集团自锁积木的专利到期，这意味着任何公司都可以开始生产与乐高积木兼容的塑料积木，只要不使用乐高的商标就可以。

第二个挑战是乐高管理层错误地选择了激进的发展战略，疯狂地增加产品数目。1994—1998年，乐高生产的新玩具数量增加到原来的3倍，平均每年引入5个新的产品主题。

第三个挑战来自技术和娱乐方式的革新。1998年，乐高有史以来第一次出现亏损，损失额近5 000万美元。同年，乐年解雇了近1 000名员工，这是公司历史上最大规模的一次裁员。

面临危机，乐高聘请了丹麦的企业转型专家保罗·布拉格曼来对公司进行管理，并约定如果他能在2005年让乐高的销售额翻番，他就会得到一笔丰厚的奖金。

布拉格曼和他的团队大胆地实施他们的创新策略，这些创新策略围绕着创新七法则展开。

第一，吸纳具有不同文化背景的人才。布拉格曼在全球招募各种优秀人才，并在全球布置卫星办公室。新的血液带来新的创意，然而，由新团队操刀的系列产品并没有融合乐高的理念与价值观，人们质疑这还是不是乐高。

第二，驶向蓝海市场。咨询顾问认为，积木即将死掉，未来属于数码世界。

第三，以客户为中心。乐高并没有太多顾及老客户的感受，而是雄心勃勃地追求新的客户群。为迎合喜欢电子游戏的孩子，乐高推出热门电影《特种部队》和《蝙蝠侠》中动作英雄的混搭产品。然而，这个系列推出之后，乐高的老粉丝发现他们不再能够看到乐高的核心价值观——"搭建的乐趣和创造的自豪"。

第四，实践破坏式创新。用数码游戏体验代替乐高的积木体验，这个项目就是"达尔文项目"，其在推出1年后就被终结了。原因简单来说就是，想做的事情太多，最终什么都没做成。

第五，培养开放式创新。乐高建立了"乐高数据设计师"平台，让粉丝将自己理想的作品上传官方网站，工作人员会为此作品装配实体套装。这确实和粉丝建立了联系，然而作品转换率不到0.5%，因为个性化定制所产生的成本和服务费用太高。

第六，探索全方位创新。布拉格曼期待两三年开1个主题公园和300家品牌商店。然而，资金和经验无法支持这么快的创新节奏。

第七，创建创新型企业文化。在布拉格曼时期，乐高管理层允许设计师不受限制，结果设计师设计出越来越多的特殊零件，这使成本急速飙升，利润也随之远去。

然后，布拉格曼带领他新组建的乐高管理团队向核心之外舍命狂奔：收购了加利福尼亚州圣马特奥市的一家生产高科技教育玩具的厂商——智威娱乐。为了增加游戏和网络产品，乐高聘用了一个位于伦敦郊外的发展机构，还在米兰建立了一个儿童玩具设计站点。它利用分布在东京、巴塞罗那、慕尼黑和洛杉矶的乐高新设计师网络，努力创造出新的玩具趋势。

布拉格曼还把目光瞄准了蓝海市场。乐高构思了一个从生产教育产品转向提供教育服务的战略。乐高与韩国学习工具公司合作，开发了一系列用积木和其他乐高元素教授科学、技术、工程和数学的项目，建立了乐高教育中心。自2001年起的三年内，乐高就在韩国建立了140个教育中心。

由于2/3的孩子在很小的年纪就将兴趣转移到了电子玩具上，因此布拉格曼带领乐高团队果断转型，探索积木外的其他玩具形式，比如耗资巨大的"达尔文项目"，探索将乐高积木转换成3D数码积木，开发3D游戏。

布拉格曼还带领乐高进入零售行业，推出了乐高主题公园和品牌商店计划。在2002年以前，乐高集团分别在比隆、伦敦、加利福尼亚州和慕尼黑建立了4座大型主题公园。同时，乐高在美国、德国等关键市场的城市商业中心建立了几百家乐高品牌商店。乐高发展出一个复杂又庞大的产品体系。

乐高集团为创新提供一切可能的条件，并消除一切可能的限制。创新在乐高内部进行得如火如荼，然而创新给乐高这头大象带来的不是新的希望，而是更多的迷茫，甚至一度将它推向破产的深渊。

董事会从财务数据中隐约嗅到了乐高的危机，于是派刚上任的出身于麦肯锡的战略发展部负责人约恩·维格·克努德斯托普查明真相。他调查出来的真相是，公司面临销量下跌30%的危机，并将消耗2.5亿美元的运营成本，负现金流已达到1.8亿美元。到2003年底，乐高可能会背上10亿美元的巨额欠款，并导致信用额度的缺失。对于2004年的预测，也是残酷的亏损会持续加速。

克努德斯托普一直奉行通用电气前首席执行官杰克·韦尔奇的原则，即"一个领导者必须看到事情的本质，而不是你希望看到的样子"，他大胆地向董事会报告了一切他发现的真相。

震惊过后，董事会决定重组管理团队，拯救乐高。公司任命克努德斯托普担任首席战略师和候补首席执行官，又聘请丹斯克银行的CEO

杰斯伯·奥弗森担任首席财务官，以发现数字背后最客观的事实。而家族传人凯尔，则担任品牌形象代言人。

新的领导小组是引领乐高走出危机的关键，他们在与客户的直接对话中提出了一个关键问题："乐高为什么会存在？如果乐高消失了，这个世界会怀念它什么？"答案是，如果乐高消失了，世界最怀念它的既不是品牌，也不是商标、主题公园或零售商店，而是积木本身。所以，走出危机的第一步是，乐高要先找回自己，找回企业的核心记忆。

乐高的问题是，做的事情太多，失去了对核心产品的自信。布拉格曼坚持认为积木在数码游戏大行其道的时代会逐渐死掉，于是乐高越来越远离自己的经典产品，淡化了本来的堆砌体验，频繁破坏乐高最核心的系统完整性。用一句话来说，乐高变得越来越不像乐高了。乐高集团的衰落是因为它一味地追求太多潮流，而忽略了安身立命之本。

然后，乐高就无限制地打开了创新的边界。新的团队和旧的团队不能相融，新的产品嫁接不到传统的体系中去。辉煌庞大如乐高，也难逃命运的劫数，幸运的是，它找到了回来的路。而这条路，一直走下去，路标竟然也是创新。

《乐高重生记》一书记录了新的领导小组对乐高的拯救之旅，其中转型行动花费了7年时间，共分为4个阶段。

阶段1，生存：现金流为王

2004年，克努德斯托普和奥弗森打响了一场生存之战，二人迫使乐高这枚失控的火箭紧急迫降。他们集结整个公司的力量打了三场必胜的战役。

第一，简化公司业务。采取压缩成本的策略，将公司产品目录中的零件砍掉一半，并缩短了一个概念从开发到上市的周期。

第二，重塑竞争力。将零售商作为主要考虑的对象（而不是孩子），提高零售商利润，加速存货周转率。

第三，增加现金储备。清售乐高乐园等资产，并在全公司范围内缩减开支。

奥弗森使克努德斯托普相信，决定放弃什么和决定要做什么同样重要。他们让乐高心无旁骛、集中注意力应对这三个挑战，从而为尝试转型赢得了足够多的时间。

阶段2，盈利：回归核心业务

接下来就到了第二阶段，公司领导抛弃了火箭推进器，用一个可靠、可驾驭的引擎来代替它。换言之，他们确定了清晰的方向，将乐高重新带回到积木上。这意味着公司只需专注于核心资产（积木和乐高体系）、核心产品（诸如乐高城市和得宝系列）和核心客户（5~9岁儿童），核心之外的东西都不重要。

克努德斯托普重新挖掘了乐高的六大原则：（1）价值观无价，只有最好的才算好；（2）不断试验才能突破创新；（3）乐高积木不是单件产品，而是一个系统；（4）专注产生更多创意；（5）仿真度高、制作逼真；（6）先商店，后小孩。逐一审视之后，乐高开始带着这些原则回归市场。

克努德斯托普和他的团队确定了最重要的标准——13.5%的销售利润率，从而简化了管理层的活动。所有新产品都必须满足13.5%的销售利润率，才能上市。

因此，乐高管理层放弃了乐高探索等耗费资源的系列产品，复兴了经典的得宝和乐高城市等盈利产品。到2005年底，乐高已从前一年16亿丹麦克朗（2.92亿美元）的亏损逆转至7.02亿丹麦克朗（1.17亿美元）的税前利润，并且销量增加了20%。

阶段3，盈利：围绕核心业务的防御性创新

在打造了一个强大而可控的引擎之后，克努德斯托普和他的团队在他们的翻新火箭上加上翅膀和尾巴，并安装了一个导航系统。

管理层阐明了公司的方向，构思了一个矩阵，确定了从增补性到基础性的不同程度的创新，然后利用矩阵标示出每个产品系列所追求的创新。管理层也详细检查了乐高开发程序，进行了季度阶段性审查。同时，管理层对产品开发团队进行了深入检查。

通过剔除重复创新和未传递良好游戏体验的创新，管理层将公司的集体智慧集中到一起，只推出最有前景的概念。然后，公司迈出了开发乐高社区的最初步伐。通过邀请最有发明才能的乐高成年粉丝参与测试甚至共同研发头脑风暴NXT等系列，乐高搜集到了它可能从未有过的灵感。

有了清晰的航向和各方面支持的导航系统，乐高踏上了增长之路。2008年，尽管玩具行业整体增速放缓，但乐高集团的销量比上年增加了19%，并且利润增加了32%。

阶段4，增长：双焦点的增长

成功起飞之后，呈流线型的乐高火箭开始敏捷上升。至此，乐高以创新为支点，重建了可盈利核心业务的创新平台，朝着有机增长前进。这意味着权衡产品扩张的同时持续盈利，提高产品品质的同时降低成本，追求短期绩效目标的同时为长远的成功播下种子。

克努德斯托普在2008年发给公司管理人员的电子邮件中说，达到这些平衡将越来越需要"双焦点视角"。一方面，乐高越来越多地接受一些高风险挑战。它重新让概念实验室专注于创造前所未有的游戏体验，因而诞生了重磅产品——乐高棋盘游戏。另一方面，乐高通过翻新乐高城市和乐高生化战士等经典系列，实现了双焦点，这些系列持续占领着公司畅销套装前10名的位置。

乐高的诚意回归也带来了用户的回归，加之生态圈的构建及有影响力的授权系列，乐高在2005年止住了收入下滑的颓势，营收达到70.5亿丹麦克朗，盈利为5.05亿丹麦克朗，公司转危为安。在2008—2012年的5年间，乐高的营业规模扩张了2.45倍，净利润增长4.15倍。从2011年起，乐高连续7年实现两位数增长，成为全世界销量最大的玩具公司，也是利润最高的玩具公司。

至此，10多年前陷入危机的乐高品牌重获新生。乐高把自己的创新经验归纳为，做"明显是乐高，但前所未有"的产品。成功的产品创新，不是天马行空地自由发挥，而是"戴着镣铐跳舞"。

下面这几段克努德斯托普在接受访谈时说的话，值得深思。

如果你今天在一个小镇上开了一家比萨店，那么你的商业模式不是全球适用的。因为当你想去另一个小镇开店时，其他人可能已经开了一家比萨店。毫无特别之处，你的店凭什么开在那里？

当我们谈到一个公司真正的核心时，我们要找的就是这种独特性。

对于乐高来说，最独特的地方就在于它的搭建系统。这个世界上没有任何一家公司有这样的搭建系统。

这种搭建系统让孩子们能够将两块积木拼接在一起。成千上万块积木，都能够被有机地整合在一起。任何一个超过一岁半的孩子，都能用这套搭建系统玩耍。

我们很容易忘记这个核心，聚焦在那些我们还没有完成的事情上，尽管一切如此显而易见。

我们要谨记公司的独特性，其他任何事情都从这一点进化而来。

因为乐高的独特性，我们需要成为掌握拼接技术的世界级大师。我们是否能够做到当两块积木拼接时，需要的力量恰到好处？需要的力量太大，孩子们就无法拆开。这需要达到毫米级的精确程度。

我们每分钟都生产几万块积木，一年生产250亿块积木，这种精确度如何在每一块积木上始终如一？

当我们生产如此多的积木时，同样重要的是，你要知道它们是不是能够在每周二下午5点准时到达沃尔玛的仓库？这对我们在墨西哥或美国的仓库意味着什么？对我们在中国或丹麦的工厂意味着什么？

同样重要的是，你不仅要确保积木能够准时到达，你还要弄清楚最佳的生产地是哪里，合理的库存是多少，合适的采购成本是多少……

你会发现，这样一种商业系统和商业模式的管理，才是乐高这家公司真正的核心竞争力。

……你才明白真正重要的是什么，什么是不重要的。

你会知道公司餐厅的运营不是核心的，如果可以通过外包来做这件事，那就这样做。你需要围绕着"为什么你的公司能够存在"这个问题，设计你的商业系统。

每过两三年，就反思一下这个问题，思考一下我们是不是比其他人在这点上做得都好。

乐高给我们的启发不仅在于创新，还在于让我们看到了回归核心的重要性。

可复制扩张是核心能力外溢的过程

张一鸣说：怎么选创业方向？就是选你喜欢，且能做到最好的事儿。这句话说出了字节跳动所坚持的原则，就是在擅长的事情上积累能力，然后把这个能力扩展到其他领域。字节跳动就是通过今日头条沉淀出了推荐引擎的能力。但推荐引擎的力量太大了，静态的图文跟不上推荐引擎这个核心能力。所以字节跳动将这项能力外溢到短视频领域，做了抖音，并在第二曲线上获得了更大的成功。

同样，王兴领导的美团最初在团购领域积累了核心能力，从"千团大战"中杀出，然后凭借这种能力，在外卖、电影票、酒店、景区门票这些领域连续做到了后发先至。

美团积累了什么能力呢？我们先看一下美团的核心业务模型，即一横一纵。

一横是生活服务类业务的横向展开，这里就涉及核心能力"高频打低频"。因为外卖作为一种极高频业务，可以形成流量分发，外溢到电影票、酒店、景区门票、娱乐等领域。

一纵是在餐饮这个领域垂直做纵深：前端是外卖，是超级流量的头部；中间是到店，比如大众点评、支付、团购买单等；后端是B端服务，美团几乎提供了餐饮店能用到的一切信息设施，比如电子菜单、收银POS机、管理SaaS（一种提供网络支付的信息系统）、ERP（企业资源规划）等。另外，美团还打造了食物供应链。

其实，美团还有两种特别突出的能力，一种是地推能力，一种是万物到家的能力。正是这些能力的外溢，驱动着美团的增长。

有时候，这种能力外溢也是不得已而为之。比如日本富士公司，它遇到的问题是原有的业务衰退，只好将核心能力迁移到新业务中，以开拓新的增长空间。

富士和柯达是胶卷时代的两大巨头，当数码浪潮的冲击来临时，它们都遇到了转型的挑战。柯达曾尝试在各种方向上突围，做过运动摄像机、做过智能手机，甚至做过时尚杂志，但始终不得其法，2012年申请破产后就归于无名。而柯达的老对手富士公司却成功地开拓出一片新的领域，仍然处在世界500强之列。

为了转型，富士公司CEO古森重隆用两年时间组织技术部门做盘点和论证：公司的现有技术家底有哪些？未来增长潜力最大的市场有哪些？原有的核心能力中有哪些可以迁移到新的市场中去？最终，富士找到了自己的转型目标市场：化妆品、医药和高功能材料。

人的皮肤中有70%是胶原蛋白，且导致皮肤衰老的原因之一是氧化，而富士在做胶片时积累的能力恰好是从胶原蛋白中提取明胶，且防止照片褪色就是在抗氧化，并且几十年来，富士开发了4 000多种抗氧化的化合物。于是，富士就把这些技术用来做化妆品，推出化妆品品牌艾诗缇，主要卖点就是抗氧化，其销售额一度超越了SKⅡ。

所以，富士公司的转型看起来跨度极大，但它其实始终是围绕着自己的核心能力在做事。就像古森重隆说的："产品可能消亡，能力永续长存。"

正如《精益创业》的作者埃里克·莱斯所说，创业企业的成功要经过两个假设的验证，一个是价值假设，一个是增长假设。也就是说，它们要经过两个阶段，一个阶段是打磨出成功的单体样本，一个阶段是复制这个样本。而对于麦当劳的克罗克和星巴克的舒尔茨来说，靠自己打磨样本，不如去筛选样本，因为市场通过让众多选手赛马，已经跑出了成功的模式。这种先找到一种成功模式，再复制扩张的方法被证明是成功率最高的策略之一。

相对来说，多数失败的创业者的行为模式更像黑瞎子掰苞谷——掰一个丢一个，他们没有从经验中学习的能力。即使好不容易撞大运成功了，失败的创业者通常也不会重复这个过程，而是选择再去做陌生的尝试。

试想，即使一个人成功过，下一次在类似的条件下也不一定能成功，更何况每次都做新的尝试呢！所以，"黑瞎子掰苞谷"式创业的失败率必然是高的。

第5章
真正的高手从不指望出奇制胜

芒格说:"钓鱼的第一条规则是,在有鱼的地方钓鱼。钓鱼的第二条规则是,记住第一条规则。"

作为散户,我有一次请一位做私募的大佬指点几句。大佬说:"不要在胜率低的地方战斗。"大佬看我不懂,就耐心地解释了一下。大意是当大盘上涨的时候,90%的个股都会涨,当大盘下跌的时候,90%的个股都会跌。你想在90%会跌的股票池中押对那只上涨的个股,可能性很小,所以在胜率低的地方不要战斗。

相对来说,判断大盘的走势比判断个股的涨跌容易。所以,真正的专业选手一年出手的次数并不多,他们一直等待战机,直到觉得对胜率有把握时才出手。

大佬说,这就像"散步杀手"梅西在某次比赛中,90分钟仅跑了5英里[①],并且83%的时间是在散步,只有1%的时间用于冲刺,但却实现了1个进球和1次助攻一样。

---

① 1英里≈1.609千米。

我听后恍然大悟，怪不得常听人说：善战者无赫赫之功，善医者无煌煌之名，善弈者通盘无妙手。

高手的原则

在《击球的科学》一书中，泰德·威廉姆斯写道：对于一个攻击手来说，最重要的事情就是等待最佳时机的出现。沃伦·巴菲特认为这句话准确道出了他的投资哲学，即等待最佳时机，等待最划算的生意。

企业经营也是一种胜率游戏，高手都对自己所选的路、所用的方法非常有信心，他们是先确定最终能够胜利这个结果，然后才很有耐心地去做的。所以说，你对未来有多少信心，就对今天有多少耐心。越是规模大的组织，越是关键的战役，越需要提前谋划，而不能靠临场的急中生智。

技控思维强调"先找到制胜的方法，再去战斗"，落实在行动上，我把它总结为八个字：所措必胜，抱朴守拙。

前四个字出自《孙子兵法》。原文中说：古之所谓善战者，胜于易胜者也。故善战者之胜也，无智名，无勇功，故其战胜不忒。不忒者，其所措必胜，胜已败者也。后四个字出自《菜根谭》。追其源头，"抱朴"又出自《老子》，"守拙"又出自陶渊明《归园田居》的"开荒南野际，守拙归园田"。

这句话是什么意思呢？通俗地讲，就是做任何事都要先制订计划，然后老老实实地执行。

这个原则也就是《孙子兵法》中所说的："是故胜兵先胜而后求战，败兵先战而后求胜。"

善战者总是在可以取胜的时候才作战，将其余的时间用来寻找战机、捕捉战机、创造战机。他们在作战之前就能确保自己不败，确保自己可以获胜，正所谓"运筹帷幄之中，决胜千里之外"。

在作战之前，先弄清楚怎样做才能获胜，然后找到获胜的策略、方法、行动，也就是先形成必胜的计划，这就是所措必胜。因为所措必胜，所以当真正执行的时候，你只需要老老实实地按照计划做就行了，不用自作聪明，也不用兵行险着，这就是抱朴守拙。

美团的王兴说："多数人对战争的理解是错的，战争不是由拼搏和牺牲组成的，而是由忍耐和煎熬组成的。"人生其实是被很多看似不起眼的小事改变的，正如伏尔泰所说："真正使人疲惫的，不是远方的一座山，而是鞋里的一粒沙。"

必胜的策略

清朝末年，太平天国起义，一路势如破竹，把大清朝打得溃不成军。这时候曾国藩出面组建湘军，可他是一个文人，既没有读过兵书，也没有带兵打仗的经验。怎么办呢？他确定了六个字——结硬寨，打呆仗。

什么叫"结硬寨"？湘军行军都是半天赶路，半天扎营。每天扎下营盘后，不管有多累，湘军都必须围绕营地挖出两道两米深的壕沟，再筑起两道三米的高墙，把自己保护起来，先保证自己立于不败之地。在攻城时，他们也用这样的方式反客为主。每到一座城下，湘军都会在城外挖两道长壕，筑起高墙把"猎物"围住。就这样，一座城接着一座城，一点一点地挖沟，一步一步地往前拱，湘军就把太平天国给击溃了。

曾国藩是一个爱用"笨"方法的人，他不喜欢取巧的东西，因为他相信胜利的果实从来不是强攻出来的，而是熟透了，自己掉下来的。

《孙子兵法》说："胜可知，而不可为。"这就是技控思维，强调做事情时先要确保方法是对的，然后结果会自然产生。

长期主义

吉姆·罗恩在《雄心的力量》中指出，大多数人都高估了自己1年内能做到的事情，也低估了自己10年内能做到的事情。

亚马逊的创始人杰夫·贝佐斯就是长期主义的信徒。他说："我经常被问到一个问题：'未来10年，市场会有什么样的变化？'但很少有人问我：'未来10年，什么是不变的？'我认为第二个问题比第一个问题更重要，因为你需要将你的战略建立在不变的事物上。"

贝佐斯认为在零售业中，有三件事情是不变的：第一，无限选择；第二，最低价格；第三，快速配送。

基于这三个不变的要素，在管理学大师柯林斯的帮助下，贝佐斯建构了著名的亚马逊飞轮（见图5-1），并持之以恒地推动它。

"为了使静止的飞轮转动起来，一开始你必须花费很大的力气，一圈一圈反复地推，每推一圈都很费力，但是每一圈的努力都不会白费，飞轮会转动得越来越快。当达到某一临界点后，飞轮的重力和冲力会成为推动力的一部分。这时，你无须再费很大的力气，飞轮依旧会快速转动，而且不停地转动……"

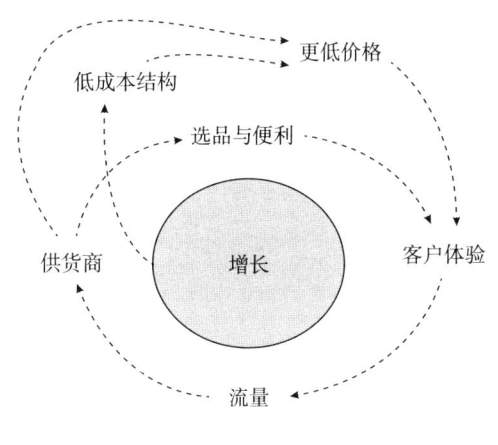

图5-1 亚马逊飞轮

贝佐斯在1997年效仿巴菲特写了"致股东的一封信",信中首提"长期主义",并在此后的每封信后都附上1997年致股东的信。他对投资者说:"我诚挚邀请您去读一读'一切以长期价值为中心'部分的内容,这是我所知的,帮助您确定亚马逊是不是您理想投资标的的最好方法。正如我所说,这不一定是至理名言,但却是属于我们的信条。"

贝佐斯要求所有高管都与他一样,扎根于为未来而工作,也扎根于为未来而生活。向他直接汇报工作的任何人,都不应该只专注于当下季度。他说:"如果我和华尔街的季度电话会议进行得很顺利,人们就会打断我说:'祝贺你这季度表现优秀。'我会回答'谢谢你',却在心里暗想:这个季度三年前就开始'进炉烧制'了。"

胜在开战之前

大企业不追求灵机一动,也不期待出奇制胜。大企业靠的是必胜的策略和不折不扣的执行。大企业有时候坚持一个做法几十年都不改变，所以看起来也很朴实。

接下来，我们就来看世界上最成功的企业之一利乐是如何耐心地谋划，以确保所措必胜的。对于广大消费者来说，利乐是一个陌生的名字，但是你每消费一罐利乐包装的牛奶，就有大约20%的钱流向了利乐。

利乐是一家来自瑞典的世界500强企业，是一家生产和销售包装材料、饮料加工设备和灌装设备的公司。作为全球最大的软包装供应商，它掌控着全球75%左右的市场份额，并在10年前控制了中国95%的无菌纸包装市场。

今天，在中国消费者每喝的10罐液态奶、软饮料中，至少有8罐的包装是由利乐提供的生产线和包装材料生产的。伊利、蒙牛、三元、光明、汇源、娃哈哈、旺旺、银鹭等中国乳业和饮料行业中的龙头企业都是利乐的客户。

利乐是如何实现这一切的？利乐就是靠长期坚定地执行一种必胜的策略，逐步累积优势而获得的这个结果。利乐创造的单体成功模型非常高级，以至于方法本身就成为竞争的护城河。

我们来拆解一下利乐的模型，其分为四个步骤。

第一步，做大基础市场的总规模。

1979年，利乐进入中国牛奶市场。当时中国牛奶市场还非常初级，国人似乎没有喝牛奶的习惯。利乐做的第一件事并不是开拓市场，而是让中国人习惯喝牛奶。

利乐为什么这么做呢？因为利乐掌握了技术专利——超高温瞬时灭菌（UHT），就是将产品瞬间加热至高温且只持续4秒，这能有效保留乳品或饮料的营养和味道，并使产品在常温状态下具有较长的保质期。这种技术彻底地改变了牛奶的储运和销售半径，也为消费者提供了更多便利与选择。因为这个优势巨大的灌装技术是利乐所独有的，所以利乐就可以慢慢耕耘。

第二步，用融资租赁的方式销售设备。

2000年以后，中国乳业迎来高速发展期。当时，中国后来的几大乳业巨头还都处于初创期，对资金、技术和工艺的需求强烈，但传统的一次性买卖方式，即动辄购买几百万元到上千万元的灌装设备，让很多乳制品厂望而却步。

这时候，利乐提供了一种新的选择，即买包材送设备。利乐公司在付款方式上进行了创新。乳制品厂不必一次性买断灌装设备，只需要在一开始支付20%的钱，这极大地降低了购买的门槛，刺激了利乐灌装设备的销售。

另外80%的钱怎么办？利乐并不要求乳制品厂后续还清，而是要求乳制品厂把它用作购买灌装耗材（如利乐纸）的费用。随着这种付款模式取得初步成功，利乐甚至给乳制品厂免费使用价值千万的灌装机，然后让它们买利乐的包装耗材。

但是，利乐在采用这种捆绑销售模式时会和客户签订一份协议，要求客户不得在未来多少年内购买第三方耗材。这相当于利乐免费提供枪支，但弹药必须从利乐购买。

为保证这一点，利乐做了一种专门的设计，使它的设备不兼容其他第三方的耗材。利乐在自己的耗材上印有标示密码，使用利乐灌装机的生产线只有识别到这个密码，才能顺利生产。而一旦客户采用第三方的耗材，生产线就会停止运转。

基于这种付款模式，利乐既快速地占据了市场，又通过包装纸等耗材获得了源源不断的利润。

第三步，为企业提供全方位服务。

利乐的谋划不止于此。因为免费赠送设备、靠耗材赚钱的模式虽好，却存在一个巨大的风险，那就是这个企业如果经营得不好，用的耗材就少，或者如果企业倒闭了，利乐就亏大了。所以，利乐不仅把设备送给企业，还会想办法帮助企业快速发展。

提供设备只是利乐服务的开始，它还为企业提供市场调研、市场分析、工艺设计、产品包装设计，甚至渠道建设和市场推广方案等全过程服务。可以说，中国乳品企业的市场营销规划，是利乐帮忙制订的；中国乳品企业的分销网络以及零售终端，是利乐协助建立的；中国乳品企业早期的人员培训，是利乐完成的。

其中值得一提的是，利乐为乳制品厂提供了一种含有产品追溯功能的自动化管理软件。当消费者买到的牛奶有问题时，乳制品厂能通过这个软件把整个生产过程回放一次，从而准确地找到问题所在。这些管理软件和技术的开发，对于单个乳品企业来说需要耗费太多的人力、物力和财力，但是利乐一家开发，同时提供给多个企业应用，就可以只收取很少的费用。

利乐给客户提供的种种独一无二的价值，竞争对手很难复制，这成就了利乐的霸主地位，也成就了企业和利乐的双赢关系。但是，利乐并没有就此止步，它还要跨出终极一步。

第四步，赢得终端消费者的喜欢。

虽然利乐是一家B2B公司，但是它想得很清楚，即乳制品厂愿意用利乐装的根本原因只能是利乐装好卖，也就是消费者喜欢购买利乐装的产品。所以,要想长久地赢得市场并在竞争中最终获胜,利乐就必须赢得消费者的心。

一方面,利乐围绕着让消费者更便利地饮用牛奶,开发了很多人性化的产品和领先的技术应用,比如:利乐钻,手感好,开启瓶盖十分方便;利乐冠,旋盖式的开启方式,给用户带来不一样的体验;利乐佳,让用户不用费劲地使用开瓶器或剪刀,就能非常方便地饮用牛奶;等等。利乐不断创新技术,开发人性化的产品,引领消费的潮流和产业的发展。

另一方面,利乐通过各种媒介以及公关活动,向消费者普及营养知识,传播科学饮奶方式,倡导环保概念,让消费者逐渐了解利乐、认可利乐,从而在终端选择方面倾向于购买利乐装的产品。这样上游的乳制品生产加工企业就会对利乐装产生更大的依赖性,加大对利乐包装纸的采购力度。

通过以上内容,大家可以看到利乐下了好大的一盘棋。利乐与对手的竞争,不是某个点上的竞争,而是整个系统层面以及策略和打法层面的竞争。从某种意义上说,胜负早在行动之前就已经确定了。

《孙子兵法》云:故善战者,求之于势,不责于人,故能择人而任势。……故善战人之势,如转圆石于千仞之山者,势也。

第6章
比方法更重要的是"发现方法的方法"

方法就是竞争力

竞争达到一定程度之后,就是方法的竞争。哪怕一个缔造了延续70年的商业神话的伟大发明,在没有找到推广方法时,也会在黑暗中被冷落多年。

1938年,切斯特·卡尔森发明了后来被评为20世纪最伟大的发明之一的静电复印技术。当时,美国市场上有两种复印机,一种使用光影湿法,一种使用热干法,但这两种技术的效果都不好,印刷质量差且速度慢。而静电复印技术完美地解决了这些问题,印得又快又好,每天能印几千张。

但是,当卡尔森带着自己的发明寻找投资人的时候,他却四处碰壁,先后有20多家公司拒绝了他的发明,其中包括国际商业机器公司、科达、通用电气和美国无线电公司。

这么好的技术为什么没人投资呢?因为它的购置成本太高了。当时市面上流行的复印机价格在300美元左右,而如果用静电复印技术来生产类似的复印机，其售价估计将高达2 000美元。各大工厂都认为，市场上找不到愿意付这么高代价的客户。

直到1947年，卡尔森遇到了施乐的第二代继承人约瑟夫·威尔逊，他愿意与卡尔森共赌未来，因为他相信"伟大的想象孕育着可能"。接下来，威尔逊共为卡尔森的技术投入7 500万美元，耗时13年，于1960年推出了划时代的914型复印机。由于体积庞大，914型复印机无法像其他产品一样，由销售人员展示给客户，施乐开创性地决定利用电视广告。

施乐第一则广告的内容是一个小女孩戴碧为父亲复印文件，只按了一个键，复印就完成了。这则广告大获成功。

施乐的第二则广告将主角换成了一只大猩猩。它用毛茸茸的指头在914型复印机上按了一下，复印件就从另外一端出来了。这则广告引起巨大的轰动，电视台几乎被全国各地秘书的抗议电话淹没了。因为当时秘书是复印机的主要使用者，而广告播出后的第二天，在很多公司里，秘书的桌子上就被恶作剧地放了一根香蕉。

广告成功地调动起了大家的购买欲望，但高价又让顾客望而却步。施乐把每台914型复印机的售价定为惊人的2.7万美元。怎么办？

施乐创新地推出了以租代售的销售模式，而且采用按印量计价的方法。因为施乐发现复印机用户的差别很大，有些用户一天用不了几次复印机，而有些用户（比如政府部门）则希望能够随时复印。

用户租用一台复印机，只需要每月支付25美元，每复印一张再支付4美分。这种计价方法不仅帮助施乐成功地售出了20多万台复印机，还让施乐垄断美国复印机市场长达10多年。

1968年，施乐公司的年销售额达到11亿美元，成为美国历史上第一家依靠一项技术在10年之内收入达到10亿美元的公司（第二家是苹果）。

通过施乐的例子我们可以看到，一家公司仅有好产品还不够，还需要找到好的方法才能成功。

发现方法的方法更重要

好的方法重要，但是有一件事情比好的方法还重要，那就是"发现方法的方法"。芒格说："人类社会只有发明了发明的方法之后才能发展，同样的道理，你们只有学习了学习的方法之后才能进步。"

在2018年5月举行的两院院士大会上，工业母机被列为制造业"七大瓶颈"产业之首。

2021年8月19日，国资委召开扩大会议，再次将工业母机的科技创新发展排在高端芯片、新能源汽车之前。

"工业母机不强，谈什么制造强国呢！"原机械工业部副部长沈烈初曾感慨。工业母机对一个国家有多重要呢？我们来看一个历史事件。

1987年5月27日，在美国的施压下，日本警视厅对东芝公司进行了突击检查，并逮捕了铸造部部长林隆二和机床事业部部长谷村弘明。

在之后的几个月里，美国朝野群情激愤，再三谴责日本，并对东芝公司进行了制裁。以邓肯·亨特为首的5名美国国会议员扛着几把大铁锤，站在美国国会山台阶上，直播砸东芝收音机。

当时的日本首相中曾根康弘亲自到华盛顿向美国道歉，东芝公司还花了1亿日元在美国的50多家报纸上整版刊登"悔罪广告"。

东芝是有着超过百年辉煌历史的企业，曾是"日本制造"的代表，生产出日本第一个电灯泡、第一台洗衣机、第一台冰箱等，曾入围世界500强企业排行榜，但经历这一事件的打击后，开始江河日下、分崩离析。

东芝究竟做了什么，以至于后果这么严重呢？

原来，冷战期间美苏对峙，虽然苏联有非常强大的潜艇，但是由于螺旋桨的加工技术落后导致其噪声过大，美国的声呐在上百里外就能监测到苏联潜艇的动向。

但是从20世纪80年代中期开始，北约各国的海军纷纷报告，苏联潜艇和军舰螺旋桨的噪声明显下降，跟踪难度加大，这也使美国海军从此丧失了对苏联海军舰艇的水声探测优势。

1985年12月，日本和光公司的熊谷独举报东芝向苏联提供了"五轴联动数控机床"，正是由于这种设备可用于加工军用舰艇的螺旋桨，苏联舰艇的噪声才大大降低了。而这种机床受到"巴黎统筹委员会"（简称"巴统"）的限制，属于被"巴统"禁止向苏联出口的最先进的工业技术产品。

也正是因为东芝向苏联提供的这种机床如此重要，美国人才燃起熊熊怒火的。

机床就是我们所说的"工业母机"。简单来讲，工业母机就是制造机器的机器，通常被称为机床，也用来生产机床本身。

正反馈循环的加速作用

2019年，一场汇聚以景德镇为代表的中国瓷器和以梅森为代表的欧洲瓷器精品的瓷器大展在上海市历史博物馆举行，这场展出被称为

"两个瓷都的碰撞"。回顾制瓷发展的历史，可以说中国景德镇是德国梅森的师父，但是这对师徒所用的方法却有着本质的不同。

欧洲第一个制成瓷器的是德国人约翰·弗雷德里希·伯特格尔，他经过3年的艰苦努力，终于在1708年造出欧洲第一只瓷器花盆。中国几百年制造瓷器的秘密在欧洲被揭开了。1710年1月23日，德国在梅森成立了欧洲第一家瓷厂，然后用约25年时间走完了仿造中国和亚洲其他国家瓷器的道路，开始逐步发展具有自己特色的瓷器产品。

德国人做事的时候，一般会制定可操作的步骤，而且会做详细的记录。伯特格尔在研制瓷器时，记录了3万次实验的细节，包括配方和流程。今天，人们根据保存在德累斯顿档案馆里的这些资料，能够复制出当年任何一款瓷器。相比之下，中国人靠悟性和偶然发现发明出的各种名瓷的烧制方法今天已经失传了，在过去的1 000多年里，瓷器的烧制一直走不出"发明—失传—再发明—再失传"的怪圈。

人类进步的一个非常重要的原因是"积累效应"，也就是第二次的努力要最大程度地复用前一次努力的结果，而不是每一次都从头开始。希腊的科学体系和东方工匠式的知识体系有很大的差别。前者有一个完整的体系，任何发明和发现都是可以叠加的，比如你给几何学贡献了一个新的定理，几何学的范围就扩大了一圈。而后者不成体系，是零碎的知识点，每一个新的知识点都是孤立的，因此很多知识后来就失传了，人们又要从头开始，常常在低水平上重复发明。

这种积累效应之所以重要，是因为它形成了一种正反馈循环。

就像工业母机之所以重要，是因为它可以生产出比母机本身还先进的机床，然后用这个先进的机床去生产更先进的机床，实现一种正反馈循环，加速推动制造能力的进化。

《奇点临近》的作者雷·库兹韦尔把这种现象称为加速回归定律。这个定律描述了进化节奏的加快，以及进化过程中产物的指数增长。进化运用了正反馈：用进化过程的某个阶段所产生的更好方法来创造下一个阶段。每个阶段的进化都建立在上一个阶段产物的基础上，因而发展得更快。人类发明技术，然后再利用不断发展的技术来创造下一代技术。

　　简言之，进化的结果就是产生更加优秀的下一代产品。而更优秀的产品有着更强大的生产力，然后这种生产力又被投入下一代产品的进化历程，这是一个良性循环。换句话说，我们使用更先进的工具去开发更快的工具。

　　所以，对一个国家的制造业来说，"制造机器的机器"比机器更重要。扩展到一般领域，解决问题的方法很重要，但是"发现方法的方法"更重要。或者说，技控作为一种方法很重要，但是开发出技控的方法更重要。

第二部分

方法篇

第7章
技控密码

简化事,赋能人

正如任正非所说,要学会踩着梯子摘苹果,别把力气浪费在蹦高上面。

提高效率要依循"技控先于人控"的原则,也就是做任何事情都要先找到合适的方法,然后再付出努力。这个原则可以概括为简单的六个字:简化事,赋能人。"简化事"就是让做事的方法更简单,代价更小;"赋能人"就是把简单做事的方法教给他人,去成就人。当我们想帮助一个不能胜任工作的人更好地胜任工作,或者帮助一个有增长潜力的人提升绩效时,我们的第一选择不是改变人,而是教给他简单做事的方法,去帮助他成功。所以,技控的过程就是帮助大家学会简单做事的过程,也是一个赋能于人的过程。

比如,一家公司发现,营业厅的营业员在向顾客推荐新套餐时业绩达不到目标。怎样才能有效地提升营业员的业绩呢?

根据"技控先于人控"的原则,企业要先判断营业员原来所用的工作方法是否有改进的空间，能不能用更有效的工作方法替代，从而把工作变简单。回到工作场景，这家公司发现，原来所有的营业员都被要求使用一种"比算"的方法来向顾客介绍业务，即用一张纸和一支笔给顾客算经济账，重点是告诉顾客新的套餐比他原来购买的套餐合算。但这个"比算"的过程太复杂，常常让顾客反感。同时，营业员也很烦恼，因为只是记住这上百种产品组合就已经是挑战了，更不用说还要给顾客讲清楚、算明白。所以"比算"这个动作大家都不爱做，成交率当然可想而知。

弄清楚了情况之后，公司组建了攻关小组，开发出一款"一键通"智能营销小工具。所谓"一键通"，就是简单到按一个键，比算结果就自动出来了，营业员只需要照着读就可以，再也不用去记上百种产品组合了，而顾客也乐意看到这种直接给出的对比结果，成交率随之大大提升。

在使用这种新方法后，试点营业厅一个月就增加了13.8万元收入，算下来一年就会增加165.6万元收入。这仅是地级市的一个试点营业厅增加的收入，如果该方案被推广到全省甚至全国，其产出将会非常大。事实上，当年就有十几个省的分公司要走了这个方案。

为此这家公司投入了多少呢？只是项目负责人请开发人员加班，给他们买了一些零食。

这就是通过技控降低工作难度，提高环境支持度，让能力普通的人也能取得好成绩的典型案例。

开发技控方法要找到根本原因

技控是解决问题、提升效率的有效途径，但要想让技控发挥更大的作用，开发技控方法的着眼点就非常关键。企业只有找准问题的根本原因，突破影响效率的关键瓶颈，才能让技控发挥出"小投入、大产出"的杠杆作用。

为了找到一个问题的根本原因，我们可以使用一套简单的"五个为什么"提问程序。

2004年，贝佐斯和他的团队在亚马逊运营中心视察。视察过程中，他听说运营中心发生了一起安全事故，一名同事在传送带上弄伤了手指，伤情严重。听到这个事情之后，贝佐斯走到一块白板前，问了五个问题，以调查事故的根本原因。

问题一：为什么该同事弄伤了手指？

回答：因为他的大拇指被传送带卡住了。

问题二：为什么他的大拇指被传送带卡住了？

回答：因为他的包在传送带上，他在追他的包。

问题三：为什么他的包在传送带上？他又为什么要追他的包？

回答：因为他把包放在了传送带上，然后传送带意外启动了。

问题四：为什么他会把包放在传送带上？

回答：因为他把传送带当成了放包的桌子。

问题五：为什么他会把传送带当成放包的桌子？

回答：因为他工作的地方没有桌子可供放包和其他私人物品。

贝佐斯和他的团队认为，这起手指受伤事故的根本原因在于这名同事需要找个地方放置他的包，但是他工作位置附近没有桌子可供放包，于是他只能将包放在传送带上。为了避免此类安全事故再次发生，团队在合适的地点放置了可移动的轻型桌子，同时对员工进行了安全教育，警示传送带运作的潜在危险。

在亚马逊，管理者被要求将"五个为什么"这一提问程序在培训项目中教给员工，员工也常常依靠这一程序来挖掘问题的根本原因，从而开发出有效的技控措施。

评价技控措施的4E原则

进步是人类共同的追求，进步就是"向前发展、比原来好"。在人类社会进步的过程中，技控措施的进化起到了关键作用，更先进的技控措施总会取代落后的技控措施，这也使得我们做事情的效率越来越高。

当我们比较两种技控措施的时候，怎么判定哪个更好、更先进呢？比如，当我们想与分布在各地的同事简单研讨一些事情的时候，我们有两种技控措施可以选择，一种是召开一次线下研讨会，另一种是使用腾讯会议进行线上研讨。线下和线上哪个更优呢？当然，针对不同的会议目的，答案可能会不同，但是从效率角度出发，一个好的技控措施要符合4E原则。

4E原则有4个衡量标准：简单（easy）、高效（efficient）、可测（evaluable）、经济（economical）。在开发技控措施的过程中，企业要始终遵循4E原则，而且每个环节企业都可以用这4个标准进行选择和判断。

那么，如何才能开发出符合4E原则的技控措施呢？

是否存在发现方法的方法

在一般意义上，是否存在发现方法的方法呢？通过对TRIZ（萃智理论）的发展过程进行考察，人们发现这种可能性是存在的。

人类一直在努力优化解决问题的方法，特别是创新和发明类问题的解决方法。西方将这类方法叫作发明问题解决理论（Theory of Inventive Problem Solving，TIPS），其中最著名的理论是由苏联科学家根里奇·阿奇舒勒于1946年创立的TRIZ。

当时，阿奇舒勒在苏联里海海军的专利局工作，在处理世界各国著名的发明专利过程中，他总是考虑这样一个问题：当进行发明创造、解决技术难题时，是否有可遵循的科学方法和法则，使人们能迅速地实现新的发明创造或解决技术难题呢？答案是肯定的！

最初他从20万份专利中筛选出符合要求的4万份专利作为各种发明问题最有效的解，然后从中提取了解决发明问题的基本方法，这些方法普遍地适用于新出现的发明问题，可以帮助人们获得这些发明问题的答案。

阿奇舒勒发现任何领域的产品改进、技术变革、创新都与生物系统一样，存在产生、生长、成熟、衰老、灭亡，是有规律可循的。人们如果掌握了这些规律，就能能动地进行产品设计并预测产品的未来趋势。

现在，人们已经对超过250万份出色的专利进行过研究，并大大充实了TRIZ的理论和方法体系，比如最终理想解、技术系统进化法则、40个发明原理、冲突矩阵、物–场分析、76个标准解、科学效应和ARIZ（发明问题解决算法）等。

相对于传统的头脑风暴法、试错法等创新方法，TRIZ的技术系统进化法则和最终理想解，可以有效地帮助设计人员在问题出现之初，先确定"解"的位置，然后利用TRIZ的各种理论和工具去实现这个"解"。

它成功地揭示了创造发明的内在规律和原理，并且基于技术的发展演化规律来研究整个设计与开发过程，而不再是随机的行为。TRIZ也向人们证实了开发解决问题的方法是有方法论的。

同样，技控作为解决问题的方法，也应该有系统的开发方法论。

开发技控措施的CODE模型

技控思维强调"简化事、赋能人"，通过优化技控措施来提高效率，那么开发技控措施的系统方法是什么呢？

这个开发技控措施的系统方法叫CODE（技控密码），它由4个步骤构成，分别是：

- C：choosing，选题——锁定单点破局。
- O：opening，展开——还原业务现状。
- D：developing，开发——找到技控措施。
- E：ending，定型——形成标准打法。

为什么是这4步呢？

首先明确一下我们的任务，即开发一个方法。开发什么方法呢？我们要开发的是把一件事做得更好的方法，那我们就要先确定：第一，做哪件事的方法？第二，要把哪个指标变得更好？这就是第1步，选题。

这一步可以为业务找到破局点，所以又叫锁定单点破局。

当找到业务的破局点，想改善它的时候，我们马上会遇到一个困难，就是我们看不到问题点。所以，就像医生看病，需要一个X光片或者CT影像来把情况看清楚一样，我们需要还原现场。这就是第2步，展开——还原业务现状。

只有还原了现状才能排查出问题点。一旦问题点被识别出来，我们自然就进入了第3步，开发——找到技控措施。在这一步中，我们要基于7类主要的技控措施选择、设计和开发出解决问题的方法和手段。

方法开发出来并不代表结束，我们还需要测试这个方法是否有效，不断改进打磨，最后形成可复制、可推广的标准化工具、流程、制度或机制，从而真正地为组织的业务赋能。这就是CODE的最后一步，也就是第4步，定型——形成标准打法。

在进入具体的技控措施开发过程后，随着每一个步骤的展开，我们又会用到8个核心工具，由此形成了完整的CODE模型（见图7-1）。

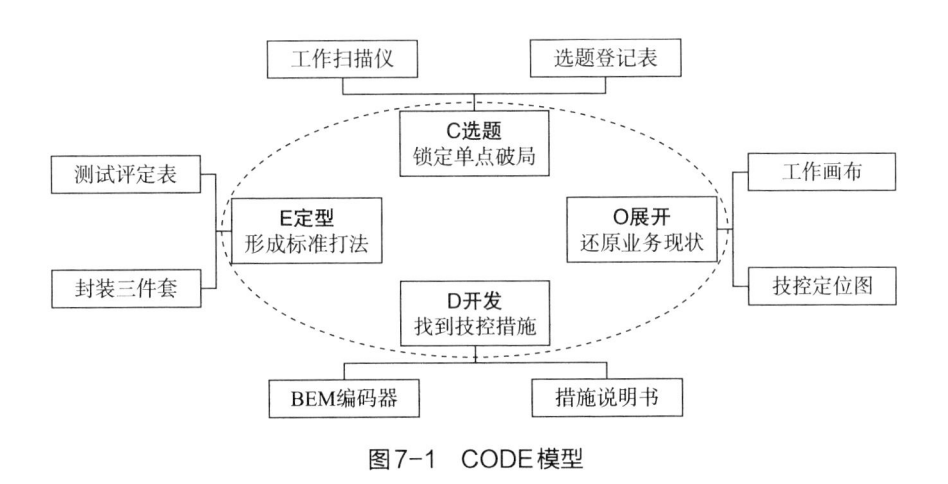

图7-1 CODE模型

CODE模型最主要的作用是提高效率。当你理解了技控的概念，即使不按这4步进行，不使用这些系统分析工具，你也可以自己琢磨出技控方法，也能依靠经验和头脑风暴来寻找技控措施。如果是简单的问题，哪怕拍脑袋也可能会直接找到技控措施；但如果是复杂问题，这样找到的技控措施就不一定能从根本上解决问题，而且在这个过程中，你得不断地试错，发现对的方法的效率就太低了。

实践证明，用CODE模型来开发技控措施，可以让我们实现从偶然成功到笃定成功，从个体成功到团队成功，从单点成功到系统性成功，从局部成功到规模化成功。

所以，技控思维认为，发现方法的方法最重要。我们过去其实也一直在追求技控，只是之前我们可能并不知道什么是真正的技控。很多企业一直在搞全员创新、全员创造，但却没有得到真正想要的东西，就是因为没有这种系统的方法。过去企业更多靠的是员工的灵机一动，靠少数人的聪明才智，其实就是找方法的方法本身不技控。你如果学会了CODE这个"发现方法的方法"，就不用再仅仅依靠员工的创造力甚至是运气了。

第8章
选题——锁定单点破局

在讲述麦当劳创业故事的电影《大创业家》中,有一个情节是关于麦当劳兄弟如何改善经营的。他们发现要解决的问题太多了,比如菜品太多,餐具总被打破,环境不好,运费太高,候餐时间太长,送错餐,运营成本高,以及座位不足和环保问题,等等。面对这么多要改进的点,他们应该选择哪个呢?在真实的历史中,他们最终选择了改善候餐时间,决定把候餐时间从30分钟变成30秒。在这个决定做出后,一个伟大的行业随之诞生,它就是快餐业。

解开技控密码的第一步就是确定从哪里入手,从一团乱麻中找出第一个线头,通过单点破局,逐步实现由点到线、由线到面的全面提升。

你可能会有个疑问:假如我们与麦当劳兄弟面临同样的处境,我们该如何找到关键的改进点呢?

选题要兼顾重要性和可行性

以色列物理学家、企业管理大师艾利·高德拉特博士指出,在一条业务链中，瓶颈节点的节拍决定了整条链的节拍，即任何一个多阶段生产系统，如果其中一个阶段的产出取决于前面一个或几个阶段的产出，那么产出率最低的阶段决定着整个系统的生产能力。任何系统都可以被想象成由一连串的环构成，环与环相扣，这个系统的强度取决于其最薄弱的一环，而不是其最强的一环。系统最终的产出将受到系统最薄弱一环的限制。换言之，任何一个链条的牢固程度都取决于它最薄弱的环节。根据这个道理，我们如果想达成预期的目标，就应尽量从最弱的一环，也就是从产生瓶颈的一环下手来进行改善。

同时，我们在选择技控课题的时候，还要考虑在随后的推动过程中人们的心理变化。人们在做出改变的时候，心理会随着进程发生一系列复杂的变化。当面对一项结果积极的变革时，人们会经历杰夫·希亚特提出的ADKAR模型的5个阶段，分别是认知、渴望、知识、能力和巩固；而一旦对变革产生不好的预期，人们就会转入库伯勒-罗斯模型并挣扎着走过完全不同的另外5个阶段，即否认期、愤怒期、讨价还价期、抑郁期和接受期。因此，变革过程需要精心的设计和管理，以赢得参与者持续的支持。尽快获胜是启动变革时最主要的考量因素，只有通过积小胜为大胜，才能不断地增强参与者的信心并打开局面。

所以在确定选题时，我们既要考虑课题的重要性，找到改变的关键环节，又要考虑可行性，兼顾变革过程中人们的心路历程。

综合起来，我们可以借助两个工具来完成选题，这两个工具分别是工作扫描仪和选题登记表。我们可以先用工作扫描仪锁定改进点，再用选题登记表将它描述成标准的选题。

工作扫描仪

我们先来看第一个工具——工作扫描仪（见表8-1）。

表8-1　工作扫描仪

序号	任务描述	"我又"项	简单（单场景）	高效（快见效）	可测（易测量）	经济（高价值）
1						
2						
3						
4						
5						

工作扫描仪通过对工作中需要完成的具体任务进行评价，帮我们把一个方向性的概念转化为完成任务的优先顺序。这个工具的使用有4个步骤：定岗位，列任务，找"我又"，选课题。

第1步，定岗位。首先要确定扫描的是谁的工作，一般只有两种情况：一种是你的工作，一种是你下属的工作。

在定岗位的时候，通常会遇到一人分担多个角色的情况，这时一定要明确课题所针对的角色，不能混淆。比如，你既是公司的渠道负责人，也是销售支持顾问，但你今天准备做的技控课题是针对销售支持的，岗位就应确定为"销售支持顾问"。

第2步，列任务。在任务描述栏中，我们把与这个工作相关的重要任务列出来。比如，扫描一个快餐店店长的工作，并把他在一个标准工作日的重要任务都列出来：

1. 确保客人到店后能及时用餐。

2. 保证客人有位子用餐。

3. 处理客户投诉。

4. 保证厅堂卫生。

5.……

列任务时要特别注意两个关键点：第一个是必须列重要的事情，比如，如果你写的是一个专职行政岗位，列任务时就不能写端茶、送水、递报告；第二个是任务必须具体，不能太笼统，比如，针对销售岗位，不能笼统地写"完成业绩指标"，要写员工平时做的具体事情，就像挖潜、联系客户、拜访客户、写方案、做宣传、解决客户反馈的问题、催款等。这才是销售岗位每天做的具体工作。

第3步，找"我又"。

什么叫"我又"？"我"就是指在自己可控的范围内；"又"表达频率，是指经常出现、反复发生。

技控遵循的原则之一是"结构性问题程序化处理"，即针对经常出现、反复发生、结构相似的问题，建立一个标准的流程来处理它。

管理有序的前提就是结构性问题程序化处理，像麦当劳这种餐厅就是结构性问题程序化处理的典型。任何一家麦当劳餐厅的出品都是标准的，因为它把很多结构性问题程序化地解决掉了。技控第一步，就是把结构性问题找出来。

"又"有两种：一种是"又要做"，这是耗费时间；另一种是"又错了"，这是代价大，比如又出纰漏了、又被投诉了、又不合格了、又被打回了等。如果这件事只出现一次，那就谁能干谁干，不需要技控。但如果这件事重复出现，我们就不能只是换一个能干的人来干，而是要思考能不能把这件事变简单，找到一个做这件事的最优办法。

有一种"又"是这样的：假如你是人力资源部门的员工，看到财务部的报销又拖延了，销售部的数据又提供错了，市场部这次活动又没有来人，维修部又未能及时修好机器。这些也属于"又"，但不能作为你的技控课题，因为这些是别人的"又"，超出了你的掌控范围。对于不可控的事情，哪怕未来能找到措施，也可能无法落地实施，而且如果这不是我们可控范围内的事情，往往就意味着我们不是这方面的专家，我们的分析可能无法深入，抓不住关键问题，那么我们的措施也不一定有效。

但有一种别人的"又"是你可以处理的，那就是属于你的下属的"又"。因为你是团队的领导者，团队中所有的事都在你的可控范围内。

第4步，选课题。

在第7章，我们谈到过评价技控措施的4E原则，即简单、高效、可测和经济，这个原则同样可以用来筛选选题。

第1个E是简单，要求单一场景，也就是完成这件事的路径是明确清晰的，不会出现不同情况下动作路径不同的现象。比如客户经理的业绩提升就不是单一场景，因为业绩提升有很多条路径，增加客流、提高成交率、提高客户单次成交金额都可以。而商机挖掘、准确识别客户、关键人拜访、预约客户到店这些任务都是单一场景。

又如，对机场安检岗来说，常规安检工作开展就不是单一场景，因为常规安检至少包含旅客安检、行李安检。如果有些机场的自动化程度高，分自助通道和人工通道，那么常规安检至少有4种场景。特殊旅客服务也不是单一场景，因为旅客的属性和需要的服务内容不同（见

表8-2）。

表8-2 机场安检岗工作扫描仪

序号	任务描述	"我又"项	简单（单场景）	高效（快见效）	可测（易测量）	经济（高价值）
1	常规安检工作开展	是	否			
2	候检引导	是	是			
3	旅客开包检查后二次安检	是	是			
4	特殊旅客服务	是	否			
5	晚到旅客安检服务	是	是			

第2个E是高效，也就是见效快，一般技控项目要求一个月内见成效。

第3个E是可测，即结果可衡量，最好定量化。

第4个E是经济，即对组织的价值高。当有多个备选课题都符合"我又"、简单、高效和可测的要求时，我们怎么选呢？这时就先按课题对组织价值的高低来排序，然后选中对组织价值最高的课题优先做技控。

选题登记表

工作扫描仪让我们知道了选哪个任务做改进，但这个任务仍不像麦当劳兄弟的选题"把候餐时间从30分钟缩短到30秒"那样清晰。这时候我们就要用到选题环节的第二个工具——选题登记表了（见表8-3）。

表8-3 选题登记表

选题发起人：	选题岗位：	登记时间：
任务/场景		
现状值		
期望值		
选题描述 （用一句话对以上信息进行描述）		
核心词定义 1. 具体的核心词是什么 2. 若是数据，需给出相应的计算公式		

一个描述清晰的课题由3个字段组成，即部门/岗位 + 任务/场景 + 指标（现状值—期望值），这样就可以明确在什么时间，由谁来完成哪个可衡量的指标。

岗位是指这个课题的负责人，登记时间是指课题的开始时间，场景就是要写清楚这个选定的任务是在什么场景下做什么，现状值和期望值两项界定了项目的起点水平和终点水平。

在场景描述中，首先要将前面通过工作扫描仪选择的任务转变为可衡量的工作场景和指标，比如对于安检岗，企业要将"晚到旅客安检服务"转变为"晚到旅客高峰时段安检服务"和"平均时耗"，于是选题被描述为"安检员将晚到旅客高峰时段安检平均通行时耗从7分钟缩短至3分钟"（见表8-4）。

表8-4 安检岗选题登记表

选题发起人：蔡××	选题岗位：安检岗	登记时间：20××年6月13日
任务／场景	晚到旅客高峰时段快速通过安全检查	
现状值	安检平均通行时耗为7分钟	
期望值	安检平均通行时耗为3分钟	
选题描述 （用一句话对以上信息进行描述）	安检员将晚到旅客高峰时段安检平均通行时耗从7分钟缩短至3分钟	
核心词定义 1.具体的核心词是什么 2.若是数据，需给出相应的计算公式	• 旅客安检用时：指从旅客进入安检候检区的第一道闸机起，到旅客完成安检并离开通道止 • 晚到旅客：指离起飞时间45分钟内到达安检区域的旅客 • 高峰时段：安检班组使用率100%，候检区旅客排队超过8分钟等待线	

定义核心词

每一个任务中都有一些核心词特别重要，如果没有描述清楚，就有可能产生歧义或让人不易理解。比如，在课题"安检员将晚到旅客高峰时段安检平均通行时耗从7分钟缩短至3分钟"中，有3个重要的核心词"旅客安检用时"、"晚到旅客"和"高峰时段"。什么是旅客安检用时？什么是晚到旅客？什么是高峰时段？我们既要看目前组织对其有没有定义以及定义得是否清楚，还要看大家对定义的理解是否一致。如果担心不同人的理解可能不完全一样，组织就要对关键词进行定义。比如，旅客安检用时是指"从旅客进入安检候检区的第一道闸机起，到旅客完成安检并离开通道止"，其计算公式为：旅客安检用时=旅客离开安检通道的时刻−旅客进入安检候检区第一道闸机的时刻。

清晰地定义课题的核心词才能解决大家对同一事项认知不一致的问题，让大家在同一个水平上达成共识。有一个技控项目组最初的选题是"客户经理收集商机"，但是，他们在进一步讨论时发现"收集商机"这个任务不准确。因为收集商机是有代价的，如果收集来的商机质量不高，数量越多浪费就越大，所以他们决定把任务定义为"收集有效商机"（见表8-5）。

表8-5　客户经理选题登记表

选题发起人：林××	选题岗位：客户经理	登记时间：20××年4月28日
任务／场景	收集有效商机	
现状值	每周38个	
期望值	每周60个	
选题描述 （用一句话对以上信息进行描述）	客户经理把每周收集的有效商机从38个提升到60个	
核心词定义 1. 具体的核心词是什么 2. 若是数据，需给出相应的计算公式	有效商机：明确表达需求、详细询问相关产品、关注价格、有充足的预算或和竞品有签约意向	

接下来，项目组还要对有效商机的定义达成共识。比如，以下5项中哪些是有效的？

A. 详细询问相关产品

B. 明确表达需求

C. 和竞品有签约意向

D. 关注价格

E. 有充足的预算

答案是这5项都是有效的。

"有效"这个词是我们在企业经营中经常使用，却没有统一说法的，这个时候更要特别注意把"有效"定义清楚，以免在落地执行时出现问题。

又如，一个快餐店店长把技控课题定为"缩短到店客人就餐等待时间"，而核心词是"就餐等待时间"。以下有4种定义，哪个正确呢？

A.客人进店到用餐开始

B.客人坐到座位到用餐开始

C.后厨收到二维码点餐信息到用餐开始

D.点餐到用餐开始

其实这4种定义要么是从快餐店的角度出发，要么是从客户的角度出发，你选哪种都没关系，关键是你要把选择的标准确定下来，让相关人员都清楚且不会产生误解。

还需要注意的是，技控课题往往是带着一些数值的，从多少提高到多少、减少多少等。这时候，你要把这个数值的计算公式写清楚。

选题示例

通过联合运用"工作扫描仪"和"选题登记表"这两个工具，我们就形成了很多岗位的实战课题。

- 将门店房屋经纪人计算交易税费的准确率从×%提高到×%。
- 将客户定制产品的一次打板成功率从×%提升至×%。
- 将门店营业员推荐套餐的成功率从×%提高到×%。

- 电商设计部将产品详情页信息修改率从×%降低到×%。
- 将材料工程师的材料计划准确率从×%提升到×%。
- 装配A组将X型水杯组装产能从×只/小时提高到×只/小时。
- 理赔主管将××类案件的理赔时效从×天降低至×天。

第9章
展开——还原业务现状

西红柿炒鸡蛋的过程还原

我们拿一个生活中常见的例子来看看工作还原是如何进行的。假设你是饭店的大厨,希望提高西红柿炒鸡蛋这道菜的品质。我们一起来还原一下西红柿炒鸡蛋的整个过程,细致地看一下这个过程一共有几个步骤,会用到哪些工具。

如图9-1所示,西红柿炒鸡蛋可以细分为16个操作步骤,过程中会用到7个工具。

所有这些内容我们都可以借助一个工具呈现出来,就像为西红柿炒鸡蛋画了一幅全景图,这可以帮助我们更好地看清这项工作的细节和本质,以便接下来精准地找到关键的改进点。这个工具就是工作画布。

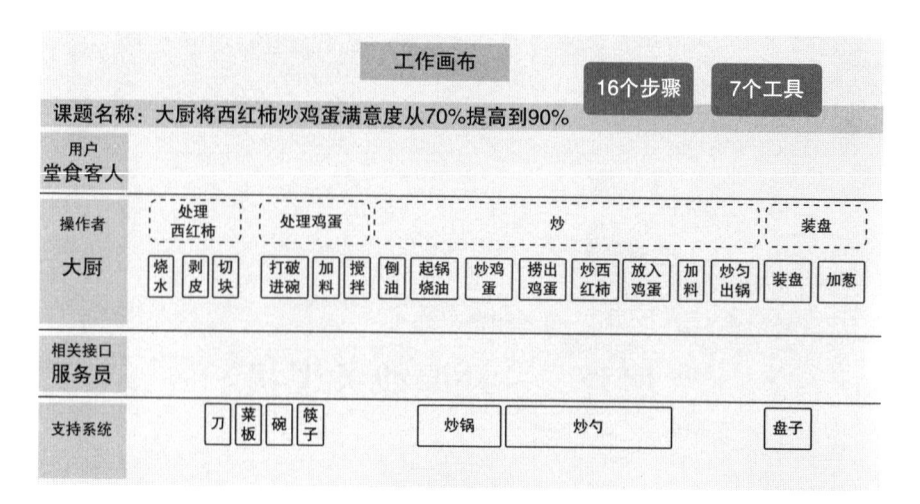

图 9-1　西红柿炒鸡蛋工作还原

工作画布

课题展开环节使用两个工具：工作画布和技控定位图。工作画布的使用可以分 4 个步骤（见图 9-2）。

图 9-2　工作画布

第1步定边界，确定操作者在课题中的动作起点和终点。也就是说，对于课题归属人而言，影响课题结果的第一个动作和最后一个动作是什么。

第2步分角色，明确谁是操作者，谁是用户，谁是相关接口。操作者就是实现课题的人，可以是部门或者岗位。用户就是课题的服务对象、受益者。确定用户的原则是先外后内，即优先考虑外部用户。如果没有外部用户，我们就要看看这个课题的内部受益者是谁。相关接口是指在我们完成这个任务的过程中，给我们提供支持和协助的人，也就是跟操作者动作有衔接的内部部门或岗位。总而言之，分角色就是明确谁用、谁做、谁支持，谁用谁就是用户，谁做谁就是操作者，谁支持谁就是相关接口。

第3步理动作，梳理每个角色的动作。这里需要注意的是，要先还原操作者的动作，之后再去对应还原用户和相关接口的动作。这一步有3个要求：

- 时间顺序，即所有的环节都要按照动作发生的先后顺序从左到右来梳理还原。
- 独立具体，即动作要细化到独立且不可分割的程度才可以。
- 上下对应，即3个层级的动作在纵向上能够对应起来。

第4步列工具，在画布上列出所有在做这件事时用到的工具。在哪个动作上用，就对应地写在哪个动作下面。这里要注意的是，工具不仅仅指实体工具，像表单、模板、话术这些软工具也都是工具。

按照要求完成定边界、分角色、理动作和列工具这4个步骤后，课题的全景图就以可视化的状态呈现出来了，我们也就看清了它的本来面貌。接下来我们要将技控点锁定，这时候就要用到第二个工具——技控定位图。

技控定位图

在完成工作画布后，我们通常会发现很多可以改进的技控点，这时我们需要对它们做出取舍和排定优先级。毫无疑问，我们应该优先选择那些更重要的技控点，在这里我们使用一个衡量指标叫贡献度，即对整体绩效结果的影响程度。但是仅考虑重要性是不够的，因为很多重要的技控点可能并没有提升空间，或者提升的代价太大，所以我们还要考虑技控点的可提升性，在这里我们使用另一个评价指标叫提升度。贡献度和提升度两个维度构成了一个坐标系，将各个技控点放到这个坐标系中，我们就能清楚地判断应选择哪些技控点（见图9-3）。

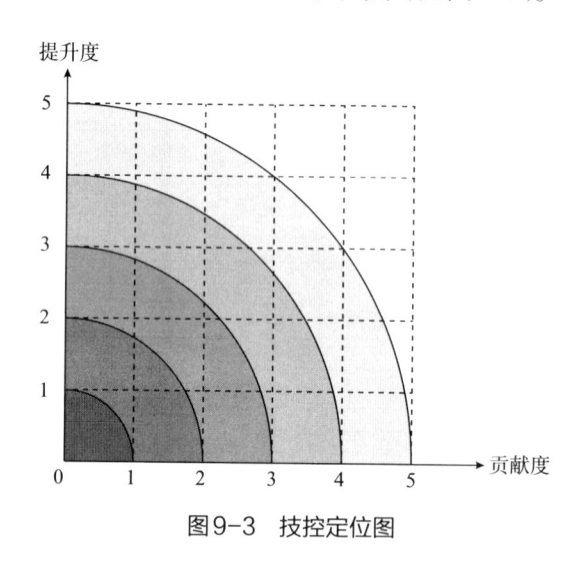

图9-3 技控定位图

比如，在西红柿炒鸡蛋的工作画布中，我们在操作者的动作和支持系统的工具中发现了很多重要的技控点，我们可以用编号将它们分别标注出来，如图9-4所示。

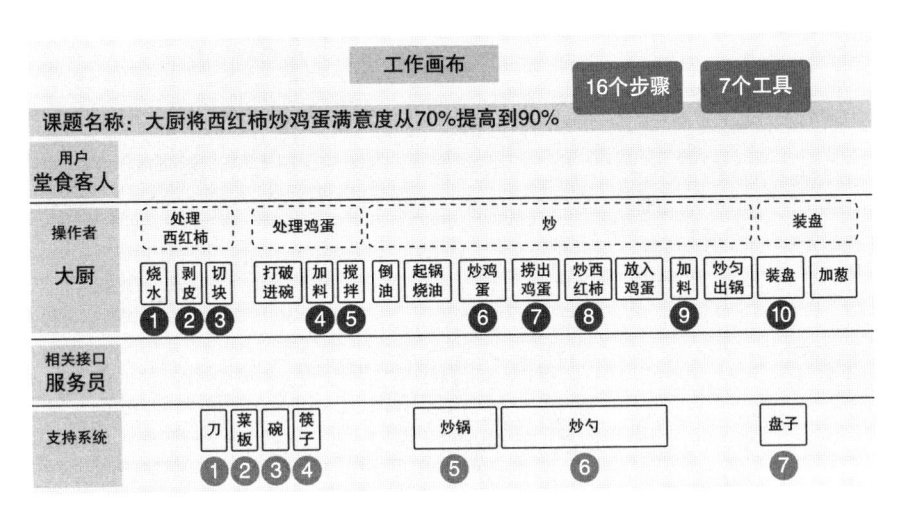

图9-4 西红柿炒鸡蛋的工作画布

将这些技控点放到定位图中（见图9-5），我们就能看到被标注在右上角的⑤、④、⑥三个点的贡献度高且提升度也高，应该被优先选择。

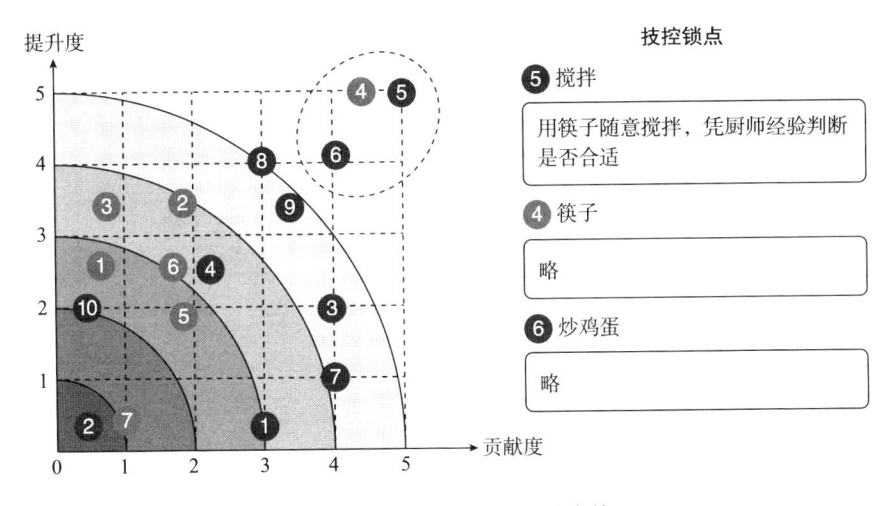

技控锁点

⑤ 搅拌

用筷子随意搅拌，凭厨师经验判断是否合适

④ 筷子

略

⑥ 炒鸡蛋

略

图9-5 西红柿炒鸡蛋的技控定位图

第9章 展开——还原业务现状 093

这些点在技控定位图中的位置是如何确定的呢？我们以安检员处理晚到旅客的课题为例来看一下打分过程（见图9-6）。

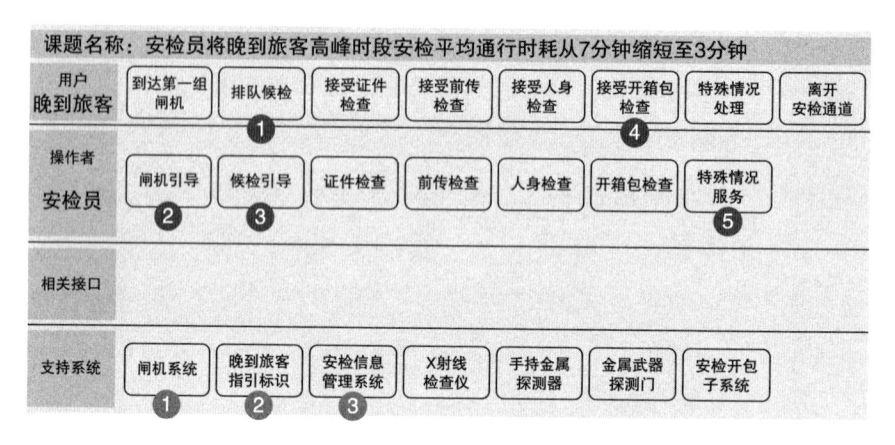

图9-6 安检员处理晚到旅客的工作画布

首先，我们对这些动作和工具进行打分，分值区间为0～5分，小数点后保留1位（见表9-1）。

表9-1 安检员处理晚到旅客的技控点打分表

角色	动作描述	动作编号	提升度	贡献度	综合分值	选择技控点
操作者	闸机引导	❷	5.0	3.5	8.5	√
	候检引导	❸	4.3	4.2	8.5	√
	特殊情况服务	❺	3.4	3.2	6.6	
用户	排队候检	❶	3.5	1.5	5.0	
	接受开箱包检查	❹	2.5	3.0	5.5	
支持系统	闸机系统	❶	4.2	3.8	8.0	√
	晚到旅客指引标识	❷	4.6	4.0	8.6	√
	安检信息管理系统	❸	1.4	1.6	3.0	

根据评分，我们就可以将各技控点在定位图中标注出来，并做出选择（见图9-7）。接下来我们要对这些技控点做现状描述，给出选择它们的事实和理由，一定要是具体事实，不能是总结和评价，更不能是解决办法。以下给大家提供两个描述现状的参考句式：

- 第一个句式适用于对操作者、用户和相关接口的流程、步骤或动作进行现状描述：岗位/人+行为动作+结果。
- 第二个句式适用于对工具系统类进行现状描述：系统/工具当前的客观事实+结果。

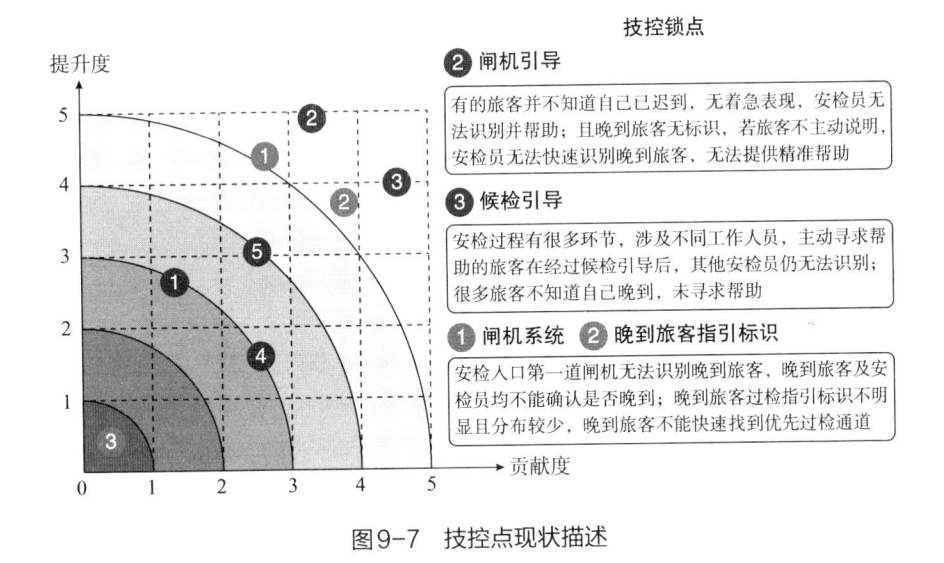

技控锁点

❷ 闸机引导

有的旅客并不知道自己已迟到，无着急表现，安检员无法识别并帮助；且晚到旅客无标识，若旅客不主动说明，安检员无法快速识别晚到旅客，无法提供精准帮助

❸ 候检引导

安检过程有很多环节，涉及不同工作人员，主动寻求帮助的旅客在经过候检引导后，其他安检员仍无法识别；很多旅客不知道自己晚到，未寻求帮助

❶ 闸机系统　❷ 晚到旅客指引标识

安检入口第一道闸机无法识别晚到旅客，晚到旅客及安检员均不能确认是否晚到；晚到旅客过检指引标识不明显且分布较少，晚到旅客不能快速找到优先过检通道

图9-7　技控点现状描述

比如前面提到的安检员处理晚到旅客这个课题，我们通过打分进行技控定位，最终选择了4个点作为技控点，分别是闸机引导、候检引导、闸机系统和晚到旅客指引标识，同时对这4个点给出了清晰的事实

和理由。比如技控点"闸机引导"的事实是晚到旅客不着急，无法识别，适用句式一：人是晚到旅客，行为是不着急，结果是引导员无法识别。又如技控点"晚到旅客指引标识"属于工具系统类，适用句式二：客观事实是晚到旅客过检指引标识不明显且分布较少，结果是晚到旅客不能快速找到优先过检通道。

如果这些技控点都被解决了，课题目标是否就一定能够达成呢？不一定。如果能达成，技控解码工作就继续往下进行；如果不能达成，我们就要检查是否有一些关键的技控点被遗漏了，或者还原工作是不是做得不够深入和细化。所以，选择的技控点数量不重要，重要的是这些技控点的改善对达成课题目标有益。

在这部分主要是应用两个工具，第一个工具是工作画布。完成工作画布有4个步骤，即定边界、分角色、理动作、列工具。用工作画布还原后，我们就能看清工作的本来面貌了。第二个工具是技控定位图，先选出影响课题结果的动作和工具作为技控点，然后基于提升度和贡献度对选出的技控点进行打分，锁定技控点，最后给出选择背后的事实和理由。

至此我们明确了达成课题目标所需要改进的环节和技控点，接下来就要开发技控措施了。

第10章
开发——找到技控措施

我们来到技控密码的第三步,这一步建立在一个模型和两个工具的基础上,一个模型是行为工程模型,两个工具中的第一个工具是BEM编码器,第二个工具是措施说明书。

就像配一服药之前要先了解每种药材的药性一样,开发技控措施之前必须先弄清楚各类措施的特点和作用。绩效改进之父吉尔伯特通过对1 000多家工厂和企业的调查,针对各类措施对绩效结果的影响做了一个系统的研究,并建构了一个模型以引导我们通过更有效的行为来实现绩效结果。

行为工程模型

在《人的能力:创造高价值绩效工程学》一书中,吉尔伯特提出了著名的行为工程模型(Behavior Engineering Model,BEM)。

这个模型揭示了3个基本的道理。

第一,结果是由行为过程产生的,就像风进来是因为你开了窗。而做一件事情是否值得（W，Worthy performance），要看所产生结果的价值即有价值的成效（A，Accomplishment）是否能大于这个过程中产生的行为代价（B，The costs of behavior）。如果用比值表示，比值要大于1才值得，即：

$$W=A/B$$

第二，员工的行为表现源于两个因素的相互作用，其一为个人的行为储备（P，Behavior repertory），这些行为储备意味着员工能够理解工作内容和完成具体的工作事项。其二为支持环境（E，Weaving environment），它既为员工提供工作条件也是限制的边界。所以行为过程中产生的行为代价（B）由两部分成本组成：一是为员工的行为储备（P）所付出的支出；二是搭建支持环境（E）所产生的费用。也就是说，我们可以用以下的公式来表达个体行为代价（B）：

$$B=P+E$$

这个定义对我们设计技控措施是非常有价值的。这个定义说明，当员工不能胜任工作时，我们可以通过改变"员工的行为储备（P）"或"员工所处的支持环境（E）"来使其胜任工作。因此，当我们试图通过改变行为来提高绩效时，我们需要判断采用哪种策略更有效：既可以选择改进支持环境（E）中支持绩效的信息、工具或激励措施（改变环境），也可以通过培训等方法修正员工的行为储备；同时考虑两者也可以。

第三，根据心理学家斯金纳的行为强化理论，行为过程是由"刺激—反应—强化"3个阶段组成的：

- 刺激（S^D），个人所收到的信息，这些信息会告诉个人该做什么。

- 反应（R），个人对所收到信息的回应方式。
- 强化（S_R），对刺激做出反应的动作被强化。

综上，个体行为有两个同等重要的影响因素：一是个体的行为储备（P）；二是个体所处的支持环境（E）。两者交互，产生了个体行为。从另一个维度来看，行为包括刺激、反应、强化3个部分。

吉尔伯特将以上行为分析的两个维度综合起来，纳入同一个矩阵，由此得出行为工程模型的原始版本（见表10-1）。需要强调一点，这里我们不是要把行为简单机械地分割成6个独立的组成部分，而是要将这6个部分看作一个整体。这里分开是为了帮助我们更好地剖析行为，从而找出用最优的成本做什么，才能出现我们想要的行为，也就是找到绩效的杠杆及支点。

表10-1 行为工程模型原始版本

行为工程模型	S^D：信息（Information）	R：工具/手段（Instrumentation）	S_R：动机（Motivation）
支持环境（E）	数据（Data）	工具（Instruments）	激励（Incentives）
行为储备（P）	识别（Discrimination）	响应能力（Response capacity）	动机（Motives）

比如，你进入书房，打开墙上的电灯开关后走到书架前拿书。在公式$S^D \rightarrow R \cdot S_R$中，$S^D$代表刺激，即你感知到书房是黑的；R是反应，即你打开电灯开关；S_R是强化，即书房变亮，让你知道自己下次还可以这么做。用行为工程模型来看各个部分的组成，具体如表10-2所示：

表10-2 开灯行为的行为工程模型

行为工程模型	刺激（S^D）	反应（R）	强化（S_R）
支持环境（E）	数据 （黑暗的书房）	工具 （电灯开关）	激励 （灯亮了）
行为储备（P）	识别 （感知到黑暗）	响应能力 （打开开关）	动机 （享受灯亮的感觉）

行为工程模型的相关调研数据

在实际工作中，一项任务通常由若干个行为组成，所以行为工程模型也适用于日常工作任务的分析。当绩效结果不理想时，行为工程模型的这6个要素不可能都是完美的，甚至每个要素都可能有改进的空间。首先，我们既可以改进绩效结果所需的数据，也可以提高员工识别信息的技能；其次，我们既可以改进工具，也可以提升员工操作这些工具的能力；最后，我们既可以让激励更加有效，也可以让动机进一步加强（见表10-3）。

表10-3 行为工程模型的基础模型

行为工程模型	S^D：信息	R：工具/手段	S_R：动机
支持环境（E）	数据 1. 关于绩效是否合格的及时、充分的反馈 2. 关于期望绩效的描述 3. 关于合格绩效要求的指引	工具 经过科学的设计，能很好地与使用者要素相匹配的工具和材料	激励 1. 根据绩效表现确定的适当的财务激励 2. 非物质奖励 3. 职业发展机会

(续表)

行为工程模型	S^D：信息	R：工具/手段	S_R：动机
行为储备（P）	识别 1. 经过科学设计，符合最佳绩效实现要求的培训 2. 实习	响应能力 1. 根据员工的能力，进行最佳的工作匹配 2. 人工装置 3. 物理塑型 4. 适应 5. 选拔	动机 1. 对员工工作意愿的评估 2. 招聘与实际情况相匹配的人员

问题的关键在于："我们如何以最低的成本产生最大的效果？我们在哪里可以获得最大的杠杆？"如表10-4所示，导致员工不胜任的因素可能来自各个方面。

表10-4 导致员工不胜任的行为模式

行为工程模型	S^D：信息	R：工具/手段	S_R：动机
支持环境（E）	数据 1. 不让员工知道自己的工作表现 2. 提供关于员工工作表现的误导性信息 3. 隐瞒对员工的工作期望 4. 很少或根本没有指导员工如何做好工作	工具 1. 不询问工具使用者的意见，直接设计工具 2. 没有让工具的设计者接触工具的使用者	激励 1. 表现差的人跟表现好的人得到同样的报酬 2. 那些表现好的人反倒受到了惩罚 3. 没有利用非物质的激励
行为储备（P）	识别 1. 没有完善的培训设计 2. 将培训交给未经训练的导师 3. 把培训内容弄得很复杂 4. 培训内容跟学员的目标没关系	响应能力 1. 没有安排员工在最佳状态时工作 2. 选择会遇到内在困难的人员执行任务 3. 不为员工的响应（反应）提供支持	动机 1. 员工在当前的工作中看不到未来 2. 员工在安排的工作条件下感受不到快乐 3. 在惩罚的情况下，给予鼓励而不是激励来改善表现

很明显，在行为工程模型中，不是这6个方面都能获得同样好的回报，也不是所有这些领域都需要改进。当获得的结果有缺陷或不尽如人意时，我们在行为的设计上通常有缺陷。这种行为缺陷有可能表现在环境因素方面，也有可能表现在个体因素方面，或者两者都有缺陷。

哈罗德·D.斯托洛维奇使用了"如果……的话，我可以表现得更好"这样的问题框架，对以下选项进行了调研：

1.我了解公司对自己工作的确切期望，而且公司有更明确的工作反馈和更日常的信息渠道。
2.我掌握工作所需的更好的工具和资源。
3.我因为工作出色得到更好的精神和物质激励。
4.我接受更多、更好的培训来完成工作。
5.我的个性和能力与工作更加匹配。
6.我对工作关心多一些，确实想把工作做好。

其调研结果如表10-5所示：

表10-5　行为工程模型中各因素对绩效影响的大小

E 支持环境	数据 35%	工具 26%	激励 14%
P 行为储备	识别 11%	响应能力 8%	动机 6%

从调研结果中可以看出，当我们想通过改变行为过程来改变结果时，各要素所起的作用是有差异的。总体来说，环境因素（技控）占75%，个体因素（人控）只占25%，这说明技控确实优于人控。

行为工程模型解读

如图10-1所示,换一种更直观的方式来表达行为工程模型,我们可以清楚地看到影响一个人的绩效结果的因素分为两大类、六小类。

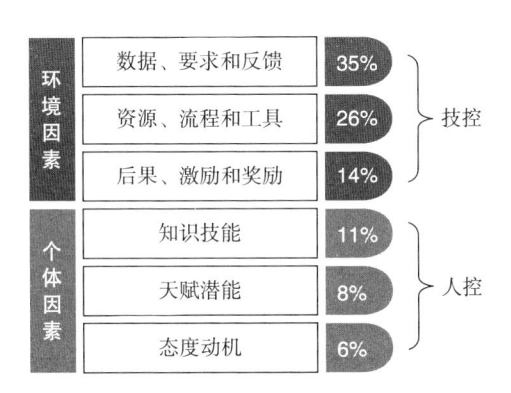

类别	因素	占比	控制
环境因素	数据、要求和反馈	35%	技控
环境因素	资源、流程和工具	26%	技控
环境因素	后果、激励和奖励	14%	技控
个体因素	知识技能	11%	人控
个体因素	天赋潜能	8%	人控
个体因素	态度动机	6%	人控

图 10-1 行为工程模型的标准模型

我们平时特别熟悉的是模型中的个体因素。在组织中,我们经常听到管理者说一个人的绩效不好,是因为这个人能力不行、态度不好、责任心不强、执行力不够等,这些都是个体因素。个体因素确实能影响绩效结果。但是行为工程模型告诉我们,除了个体因素,绩效结果还会受到环境因素的影响。这里的环境因素不是指大环境,比如经济形势、国家政策、行业动态等,因为大环境需要集组织之力来共同应对。这里说的是小环境,即组织的工作环境,我们只能通过小环境来影响组织绩效。在使用行为工程模型的时候,小环境通常被称为上三层:数据、要求和反馈,资源、流程和工具,后果、激励和奖励。

先来看第1层的数据、要求和反馈。

有一本书曾经被很多企业家推荐过，书名为《把信送给加西亚》。为什么大家认为这本书值得看呢？因为这本书里有一个牛人叫罗文，他把一封看似根本不可能送达的信件，送给了远在古巴丛林里作战，谁也不知道在哪儿的加西亚将军。罗文靠的是什么？就是我们所说的执行力、忠诚、耐力和不找借口。罗文非常值得人们欣赏，但组织中像他这样的人凤毛麟角。把所有人都培养成罗文这样的人，对企业来说是一个不可能完成的任务。但是，就在今天，罗文做到的事，快递行业的所有快递小哥都做到了。快递小哥是怎么做到的？最重要的是快递小哥有清楚的收件人地址，而地址就是数据，就是干这件事必需的输入。罗文的工作难就难在地址不清楚，如果地址清楚，普通人就能做到。

要求就是目标、任务和标准。目标是要达成的结果，任务是具体要干的事情，标准是用来判断结果好坏的。工作的目标、任务和标准有没有、清不清晰，以及大家知不知道、认不认同也直接影响绩效。

反馈就是系统或者上级给的工作反馈是否清晰、准确且及时，是否能让执行者清楚地知道自己做得好还是不好；如果做得不好，哪里需要改进。

总之，第1层考虑的是事情是否清楚，包含3个方面：输入、输出和反馈。第1层要求在工作中能明确的就别模糊。

第2层是资源、流程和工具。

先说资源。资源在这里有必备性的要求，比如我们让员工做Excel表，却不给他配电脑，这就是没有必备资源。但配电脑不一定要配配置最高的。

再看流程。流水线就是对流程最好的诠释，但是组织中不仅有大流程，还有每项工作的小流程。

例如，全球有4 500万名盲人，其中1 200万人集中在印度，并且绝大部分集中在印度农村，而在印度农村，一个人失明了就只能活两三年，因为他丧失了生存的能力。如何解决这个问题？实际上，80%的人失明都是因为白内障，但印度的农村人很穷，连300美元的白内障手术也负担不起。于是很多的协会、机构、专家都开始研究这个问题，直到印度有一家亚拉文医院（被誉为医学界的麦当劳）解决了这个问题。它是怎么解决的呢？该医院发现，虽然白内障手术很简单，但由于是眼科手术，其整个过程非常精密，通常必须由一位资深的眼科专家从头做到尾，而资深的眼科专家是非常稀缺的。经过仔细的分析后，他们发现整个手术过程中只有在病人眼球上划一刀这个动作最关键，因为这一刀划得好坏将直接决定手术的成败。于是，他们就改变了手术方式。别人是一台一台地做手术，他们是一排一排地做手术，就是一排病人躺在那儿，由护士和普通医生先把手术准备工作做好，资深专家只负责在病人眼球上划一刀，然后就转向下一台，其他工作由普通医生和护士完成。这个改变把需要60分钟的一台手术缩短到了10分钟，原来一位资深专家一天只能做4~5台手术，现在一天能做几十台甚至上百台手术。这样，白内障手术的费用从300美元直接降低到50美元。正是由于这个改变，亚拉文医院成为全球最大的白内障复明中心，全球都在称誉亚拉文模式。这就是流程的威力。

最后看工具。人和动物重要的区别之一就是制造和使用工具。工具可以分为硬工具和软工具，硬工具就是扳手、钳子等，软工具就是表单、话术等。以前我们经常看到这样的报道：医生把手术刀忘在病人肚子里，飞机维修师把扳手、钳子落到飞机肚子里，等等。现在很少出现这类错误了，怎么避免的呢？就是对工具箱进行开槽，将每个工具根据形状、大小放在固定的槽里，并要求使用者在工作开始之前打开工具箱看一眼，工作结束之前再看一眼，两次工具箱都必须是满的。

总之，第2层思考的是必备资源有没有缺失，以及有没有更好的流程、工具和方法，可以让做这件事变得更加简单。

我们来看一个机场开发技控措施的例子。

在机场安检时，旅客经常遇到行李中有超标物品无法带上飞机的问题，比如超过100毫升的化妆品、老妈做的手工辣酱、朋友送的一小盒高档海鲜等。可是旅客已经没有时间去托运行李了，这时候他就要去专门的地方办理邮寄。通常，填好单子并办理完邮寄手续需要10分钟左右，这导致很多时间过于紧张的旅客只能遗憾地将超标物品舍弃。

怎么做才能尽可能地缩短办理手续的时长呢？就是拉通已有信息，减少重复动作。某机场开发了移动扫码邮寄方式：旅客不用去办理地点，也不用填单子，只需等安检员使用移动扫码设备扫描登机牌，拉通机场后台信息，确认邮寄地址无误后就可以离开了。后续系统会自动发送短信，通知旅客领取，防止忘记。这使办理时长从10分钟缩短到2分钟以内，大大提高了旅客的满意度。

这就是用结合第1层的数据（拉通后台信息）和第2层的工具（移动扫码设备）开发的技控措施解决了问题。

第3层是后果、激励和奖励。

后果、激励和奖励起的都是行为强化的作用，能帮助员工分辨出什么是正确的行为，什么是错误的行为。第3层能不能起作用，要看第1

层和第2层是否完备，只有第1层和第2层做得好，第3层才会起到更大的作用。

下三层都是个体因素：知识技能就是通过培训让员工掌握的专业知识和技能，有知识和技能缺口才需要第4层；天赋潜能是后天很难习得的一些能力，与工作匹配高度相关；态度动机就是员工做这件事的出发点和意愿。

在行为工程模型中我们还看到，上三层影响绩效结果的75%，下三层只占25%。这也说明了，我们如果总和人较劲，就会感到心有余而力不足，因为和人较劲影响的是下三层，最多影响25%。但是如果我们先动上面的75%，再让下面的25%去配合它，事情就会容易很多。

行为工程模型也告诉我们，提高员工的工作绩效有两条路：一是提高员工的能力，二是改变工作方法。我们应该先做什么呢？一定要把优化方法放在努力之前。我们要优先思考上三层，才能真正帮我们简化事、赋能人，同时配套考虑下三层，形成合力。

BEM编码器

当我们通过技控密码的第二步还原了业务现状并且锁定了技控点之后，我们就需要为改进这个技控点而开发技控措施。如何从行为工程模型的上三层找出有效的技控措施呢？这时候我们会用到开发环节的第一个工具——BEM编码器（见表10-6）。

表10-6　BEM编码器

技控点	现状描述	1 数据	2 要求	3 反馈	4 资源	5 流程	6 工具或方法	7 后果、激励、奖励	编码	改善建议

我们每天都在解决问题，但却很少认真地学习过解决问题的方法，因此我们经常会遇到所选择的措施只能解决一部分问题，或者解决方案只在一段时间内起作用的情况，又或者措施虽然起了作用，但其结果与期望相去甚远，更有甚者是解决了一个小问题，却带来了一堆大问题。如何才能找到解决问题的根本性答案呢？这需要我们从拍脑袋想答案转变成用系统思维解决问题。BEM编码器就是帮助大家运用系统思维解决问题的工具。为方便使用，BEM编码器将行为工程模型的上三层分解为7个子项，解题过程分为3个步骤：

- 抓事实——找到技控点存在问题的具体事实；
- 筛问题——找到根本性问题；逐一筛选1~7项，最后汇集成解决这个技控点的编码；
- 定措施——确定解决问题的根本性措施。措施要和前面确定的编码一一对应，且必须是具体的动作。

比如，当使用BEM编码器分析晚到旅客安检过程的闸机引导环节时，我们就可以有条不紊地按步骤进行（见表10-7）。

第一步，抓事实。经分析发现，不是安检员不引导，而是有的旅客根本不知道自己已经迟到，无着急表现，安检员无法识别并提供帮助。由于晚到旅客无特殊标识，若旅客不主动说明，安检员也无法快速识别晚到旅客。

第二步，筛问题。为找到根本性问题，逐一筛选1~7项后，发现数据信息有问题，即安检员不知道谁迟到、谁没迟到。这个环节也没有相关要求，而且目前没有系统工具支持他们的工作。所以编码就是1、2、6。

第三步，定措施。【1】闸机系统增加数据识别功能，在旅客刷身份证时，识别其是否晚到，并进行晚到语音提醒；【2/6】制作晚到旅客标签，明确要求闸机引导员向晚到旅客发放并张贴标签。对应编码的措施都被找到了，如果这些措施得以实施，这个技控点上的问题应该就能得到解决。

我们运用同样的步骤和方法，可以解决"候检引导"、"闸机系统"和"指引标识"等技控点上的问题（见表10-8）。

在使用BEM编码器后，我们通常会找到少则几个多则十几个措施，但因为时间和资源有限，我们不能实施所有的措施。对于做什么不做什么和做的先后顺序，我们都要做出选择。换句话说，我们一定要找出最有价值的那些措施去实施。

表10-7 安检过程闸机引导环节的BEM编码器

技控点	现状描述	1 数据	2 要求	3 反馈	4 资源	5 流程	6 工具或方法	7 后果、激励、奖励	编码	改善建议
闸机引导	有的旅客并不知道自己已迟到，无着急表现，安检员无法识别并帮助；且晚到旅客无标识，安检员不主动说明，安检员无法快速识别晚到旅客，无法提供精准帮助	√	√				√		1 2 6	[1]闸机系统增加数据识别功能，在旅客刷身份证时，识别其是否晚到，并进行晚到语音提醒； [2/6]制作晚到旅客标签，明确要求闸机引导员向晚到旅客发放并张贴标签
候检引导										
闸机系统										
指引标识										

表10-8 机场晚到旅客安检过程BEM编码器

管控点	现状描述	1 数据	2 要求	3 反馈	4 资源	5 流程	6 工具或方法	7 后果、激励、奖励	编码	改善建议
闸机引导	有的旅客并不知道自己已迟到，无着急表现，安检员无法识别并帮助；目晚到旅客无标识，若旅客不主动说明，安检员无法快速提供精准帮助	√	√				√		1 2 6	[1]闸机系统增加数据识别功能，在旅客刷身份证时，识别其是否晚到，并进行晚到语音提醒； [2/6]制作晚到旅客标签，明确要求闸机引导员向晚到旅客发放并张贴标签
候检引导	安检过程有很多环节，涉及不同工作人员，主动寻求帮助的旅客，在经过候检引导后，其他安检员仍无法识别		√				√	√	2 6 7	[2]将"首问+引导"内容纳入岗位服务手册，要求候检区域全体安检员对晚到旅客提供精准指引； [6]制定旅客标签发放指引； [7]对收到旅客来电、来信感谢和表扬的引导员进行积分奖励
闸机系统	安检入口第一道闸机无法识别晚到旅客，晚到旅客及安检员均不能确认是否晚到	√							1	[1]闸机系统增加数据识别功能，在旅客刷身份证时，识别其是否晚到，并进行晚到语音提醒
指引标识	晚到旅客过检指引标识不明显且分布较少，晚到旅客不能快速找到优先过检通道						√		6	[6]在各闸机口增设晚到旅客过检提示牌； [6]持续优化改进晚到旅客指引牌的摆放位置

第10章 开发——找到技控措施　111

优选矩阵

如果有人问你:"科比、小贝和马云让你选,你选哪个?"你可能马上就会反问:"选他做什么?"因为目的不同,选择也会不同,比如针对组篮球队、组足球队、组企业家联盟、选男朋友等不同目的,选择结果可能完全不同。所以,这个时候我们最理性的选择就是搭建一个"优选矩阵",它还有另外一个名称叫"多维度选择矩阵"。

什么是多维度呢?就是在做一个决定的时候,需要考虑很多标准和要素,而标准越多,决定就越难做。优选矩阵首先要设定选择目的,比如目的是选男朋友,选择的维度就可能是身高、颜值、财富。我们把选项和标准作为两个维度,就搭建好了一个优选矩阵(见表10-9)。

表10-9 选男朋友的优选矩阵

选项	身高	颜值	财富	合计
科比				
小贝				
马云				
其他				

那么,优选技控点的措施应该用哪些维度呢?就是前文介绍的4E原则,即简单、高效、经济、可测。将4E原则作为横向的4个评估维度,将备选因素作为纵向维度,我们就得到了技控措施的优选矩阵,我们把这个矩阵称为4E魔方(见表10-10)。

表 10-10　4E 魔方

备选因素	简单	高效	经济	可测	合计

其中：

简单，是指措施的步骤简化、操作易懂、查询快捷、纠错自动，其实就是让操作者执行起来更简单。

高效，是指措施落地后能够提升绩效指标、解决业务问题，或者缩短流程时间、改善客户体验，也就是要有产出，能解决问题。

经济，是指投入产出比，同样的产出，成本就要低，同样的成本，产出就要高；当然，如果能做到成本既低产出又高就更好了。

可测，是指措施的效果可测量，而且措施能够快速复制，扩大使用范围。

表10-11所示的是使用4E魔方对晚到旅客安检的技控措施进行排序的结果。

表 10-11　晚到旅客安检的技控措施排序

备选因素	简单	高效	经济	可测	合计	选择开发
【1】闸机系统增加数据识别功能，在旅客刷身份证时，识别其是否晚到，并进行晚到语音提醒	7	7	1	7	22	√
【2/6】制作晚到旅客标签，明确要求闸机引导员向晚到旅客发放并张贴标签	4	6	5	6	21	√

（续表）

备选因素	简单	高效	经济	可测	合计	选择开发
【2】将"首问+引导"内容纳入岗位服务手册	1	1	6	5	13	
【6】制定旅客标签发放指引	5	5	7	3	20	√
【6】在各闸机口增设晚到旅客过检提示牌	6	3	3	1	13	
【6】持续优化改进晚到旅客指引牌的摆放位置	2	4	4	2	12	
【7】对收到旅客来电、来信感谢和表扬的引导员进行积分奖励	3	2	2	4	11	

技控措施开发

在完成"定措施"并进行排序后，我们就要进入开发环节。最需要开发的是工具，包括软工具和硬工具。

在设计和开发软工具的时候要特别注意细节，比如：

- 如果你开发的是表单模板，那么你不仅要给出表头，还要给出明确的填写要求和填写示例。
- 如果你开发的是话术，那么你可能要了解使用者都会涉及哪些典型的场景和问题，只有针对不同的场景、问题甚至沟通对象给出分类的话术，话术才可能有效。
- 如果你开发的是制度，那么你要明确建立这个制度的目的是什么，其规范的是什么行为，同时写清楚相应的标准和要求，以及涉及的后果和奖励。

- 如果你开发的是手册，你就要把目录、重点模块和主要内容列清楚。
- 如果你开发的是课程或者微课，你就要将目标、大纲、核心知识点、重难点都纳入。
- 如果你开发的是流程，你就要绘制流程图，列清楚每个节点的输入和输出，明确关键的步骤，并将注意事项和操作要求等都描述清楚。

除了软工具，我们可能还会开发一些硬工具。硬工具的开发一定要注意用户和使用场景的特殊性。比如在前面提到的机场案例中，工作人员需要制作一个晚到旅客的标签，但是这样一个小小的标签，要想设计得简单好用还真没那么简单。我们首先要考虑这个标签涉及几类用户，经分析后发现至少有三类：第一类是发放标签的闸机引导员；第二类是旅客；第三类是其他安检人员。这三类人的使用需求明显是不一样的，闸机引导员对标签的使用需求是拿取容易、粘贴牢固，而且有清晰的使用方法；旅客的需求是这东西要贴在我身上，你不能设计得太丑，而且要好贴好撕，不能有残胶留在衣服上；其他安检人员的需求是标签本身要醒目，而且要贴到容易看到的地方，让他们能轻易识别出来哪些是晚到旅客。所以在设计硬工具的时候，我们不但要定义工具的使用者，还要充分考虑使用者的需求和体验，这样才能让其用起来简单有效。

措施说明书

为了降低用户的使用难度，我们需要对开发出来的技控措施做进一步的说明。简单的措施拿来就可以用，而复杂的措施需要使用者学习，比如新流程、新规范、新表单等。新使用者不但不会用这些措施,还特别容易出错,这时候我们就需要用到开发阶段的第二个工具——措施说明书。

编写措施说明书的原则是能简单就不复杂,用户没有使用困难就不需要编写,但用户需要的时候必须提供。有3种情况必须提供措施说明书:

1.当措施比较复杂的时候,使用者不明白,你需要用措施说明书来帮助用户理解。

2.有些措施虽然不复杂,但是容易产生歧义,你需要使用措施说明书来澄清。

3.当措施的使用者非常多的时候,措施说明书是帮助你将措施传递到位的好工具。

措施说明书包括6项内容,即使用者、使用场景、功能和效果、使用方法、注意事项和使用时限,如表10-12所示。

表10-12 措施说明书

措施说明书	日期:
1.使用者	
2.使用场景	
3.功能和效果	
4.使用方法	参考附件
5.注意事项	
6.使用时限	

比如在前面提到的机场安检课题中,"晚到旅客标签发放"就属于复杂措施,不是拿来就能用的,所以机场需要编写措施说明书。

1. 使用者是闸机引导员和其他岗位的安检员。

2. 使用场景是闸机引导员或安检员在发现过闸机的晚到旅客时,给其贴上晚到旅客标签。

3. 功能和效果是安检区域的各岗位员工都能快速、准确识别出晚到旅客,帮助其快速过检。

4. 使用方法见《晚到旅客标签张贴指引》。

5. 注意事项:

(1) 标签要张贴在晚到旅客上身的固定位置,即正面左前胸;

(2) 如有旅客不愿意张贴,可提醒旅客标签的重要性,同时说明标签不伤衣服。

6. 使用时限暂定为3个月,然后根据使用反馈进行迭代优化。

至此,针对锁定的技控点,我们开发出行为工程模型上三层的主要技控措施,通过一定范围的试用和改进,这些措施就可以进入正式推出阶段了。

第11章
定型——形成标准打法

纪录片《大国崛起》中有句解说词:"牛顿缔造了工业革命的钥匙,瓦特拿着这把钥匙打开了工业革命的大门。"如此评价牛顿很容易理解,因为他是近代科学的开创者之一,他的经典力学理论为人们认识世界提供了一条新的道路。但瓦特只是改良了纽科门蒸汽机,并不是蒸汽机的发明者,为什么认为是他打开了工业革命的大门,而不是其他的发明者呢?

正是由于瓦特大幅提高了纽科门蒸汽机的热效率并发明了一些附加的机械装置,蒸汽机才能真正被应用于各行各业,由单一动力机发展成用于一切动力机械的"万能原动机"。瓦特对蒸汽机的改良,开启了真正的蒸汽时代,引起纺织、采矿、钢铁、机械和交通运输等行业一连串的连锁反应,"从此人类结束了总是一脸无可奈何神色的孩童时期,在喜怒无常的大自然面前第一次感到自己的力量"。后世人们这样形容他改进的蒸汽机:"它武装了人类,使虚弱无力的双手变得力大无穷,健全了人类的大脑以处理一切难题。它为机械动力在未来创造奇迹打下了坚实的基础,将有助并报偿后代的劳动。"

如果没有瓦特改良的蒸汽机，工业革命就不是完整的工业革命，只是发展并应用了机器，而对于动力没有根本上的改变。工业革命大门被打开的历史也让我们明白，从科学原理的提出到技术革命的诞生，再到技术真正地被应用，是一个漫长的过程。而在这个过程中，最终成为可被应用的成熟方案和产品尤为重要。这一步，在技控密码中就是定型——形成标准打法。

行为设计

技控措施在被推向大规模应用的时候，不能是粗糙的原型，而是必须经过设计，以使功能更合理、操作更简单、外观更美观。

著名的认知心理学家和工业设计家唐纳德·诺曼认为"设计的本质就是沟通"。他说："在人和设计之间，人是不会错的，错的只有设计。"

诺曼在《设计心理学》这本书里提出了设计的5个原则。

示能

工具本身自带操作的有力线索，可以直接被感知，无须解释，操作者一看就知道怎么用，不需要用文字说明。比如，你希望门是被拉开的，那就设计一个拉手，人们一看就知道要拉；你希望门是被推开的，那就放一小块平板，人们一看就知道要推。

意符

使用表达意思的标记和符号，能让人们感知到正确操作方式。在设计中，意符比示能更重要，因为它们往往会起到更明确的沟通作用，告知用户如何使用这款设计。意符可以是词语、插图，或只是预设用途明确的一个装置。

比如，酒店房间的洗脸池中有个可以按的塞子，没用过塞子的人，可能一辈子都想不到它还能按下去。那怎么办？在洗脸池旁边贴个标识，写上"按压排水"，这就是意符。一进电梯，广播响起"请按要去的楼层"，这也是一种意符。

映射

控制和控制结果之间符合心理自动化的逻辑顺序和对应关系。好的映射是控制的逻辑和控制对象、结果之间符合心理惯性的逻辑判断。比如，你进了酒店房间，看着手边七八个开关，不知道哪个开关控制哪盏灯，这就是"映射"没做好。好的映射是怎样的呢？台灯开关就设置在台灯上，而不是在床头。

约束

限制管束使不越出范围，分为4个类型，分别是物理约束、文化约束、语义约束和逻辑约束。通过设计来保证其不会出错，或者出错代价很大，甚至想出错都很难。

比如，怎么避免超过3吨的车子通过限行路段呢？使用2米的限高杆。调查显示，高度小于2米的车一般不会超过3吨。又如，你要删除某些功能或文字时，不能直接删除，而是需要点击确认弹窗。

反馈

特指系统、工具给出的反馈，告诉你操作对了或者操作错了。好的设计必须有及时反馈。比如电视遥控器，当用户按下后，电视必须立刻点亮。如果做不到，遥控器至少要"嘀"一声，否则用户会不知所措，按来按去。

总之，工具设计要以人为本，让用户的操作简单化。

交互设计

交互设计是对人与产品、环境、系统、服务等如何进行互动的设计。通过设计一种以用户体验为基础的机制，使得最终用户在使用产品时感到愉悦。

被誉为可用性测试鼻祖的雅各布·尼尔森在他畅销全球的《Web可用性设计》一书中提出了"尼尔森十大交互设计原则"：

原则一：状态可见原则。应该让用户时刻清楚当前发生了什么事情，也就是让用户快速了解自己处于何种状态，对过去、当前以及未来去向有所了解。一般的方法是在合适的时间给用户适当的反馈，防止用户使用时出现错误。比如，在向云盘上传文件时，系统会提示用户当前上传的文件有哪些，进度是怎样的，这就给用户提供了良好的反馈，方便用户根据实际的情况做出抉择。

原则二：环境贴切原则。应该使用用户熟悉的且不会有歧义的语言、文字等，遵循现实世界的惯例，让信息符合自然思考逻辑。比如，弹窗文案要写"马上领取"或"立刻使用"，简洁明了，不要写"点击主按钮"，因为很多用户可能不理解"主按钮"是什么。

原则三：用户可控原则。用户常常会误触某些功能，我们应该让用户可以方便地退出。在这种情况下，我们应该把"紧急出口"按钮做得明显一点，而且不要在用户退出时弹出额外的对话框。很多用户发送一条消息后，却忽然意识到自己写得不对，这个叫作临界效应，所以系统最好支持撤销功能。比如，当你打字时，摇动手机即可撤销输入的内容；当你删除了部分文案时，摇动手机即可恢复删除的内容。

原则四：一致性原则。对于用户来说，同样的文字、状态、按钮都应该触发相同的事情，遵从通用的平台惯例。也就是说，同一用语、功能、操作需保持一致。软件产品的一致性包括以下5个方面：

1.结构一致性：保持一种类似的结构，新的结构变化会让用户思考，而规则的排列顺序能减轻用户的思考负担。

2.色彩一致性：产品所使用的主要色调应该是统一的，而不是换一个页面，颜色就不同。

3.操作一致性：在产品更新换代时，仍然让用户保持对原产品的认知，减小用户的学习成本。

4.反馈一致性：在用户操作按钮或者条目的时候，点击的反馈效果应该是一致的。

5.文字一致性：产品呈现给用户阅读的文字的大小、样式、颜色、布局等都应该是一致的。

原则五：防错原则。比错误提醒弹窗更好的设计方式是，在这个错误发生之前就避免它。系统可以帮助用户排除一些容易出错的情况，或在用户提交之前弹出一个确认的选项。特别要注意的是，在用户操作具有毁灭性效果的功能时弹出提示，防止用户犯不可挽回的错误。比如，填写银行卡号时，由于数字过多，系统以4位数字为一组，便于用户输入，这个也属于一种防错机制。

原则六：易取原则。通过把组件、按钮及选项可见化，来降低用户的记忆负荷。用户不需要记住各个对话框中的信息。软件的使用指南应该是可见的，且在合适的时候可以再次查看。为将用户的记忆负荷最小化，应该尽可能提供信息让用户辨认。比如，有些歌名很长，很难记住，而QQ音乐通过关键词联想解决了这个问题。

原则七：灵活高效原则。无论是老手还是小白，都能够轻松高效地使用产品。允许用户定制常用功能，更方便快捷操作。比如，在使用Excel时，高级用户可以通过快捷键提高效率，而小白用户可以通过常用模板降低难度。

原则八：优美且简约原则。对话内容应该去除不相关的信息或几乎不需要的信息，比如，谷歌的界面设计和苹果手机的功能设计。任何不相关的信息都会让原本重要的信息更难被用户察觉。

原则九：容错原则。错误信息应该使用简洁的文字（而不是代码）指出错误是什么，并给出解决建议。也就是在用户出错时，如何为出错的用户提供及时且正确的帮助呢？帮助用户识别错误，分析出现错误的原因，再帮助用户回到正确的道路上。如果真的不能帮助用户从错误中恢复，也要尽量为用户提供帮助，让用户的损失降到最低。比如，当出现问题时，系统不应简单地给出404、500等代码状态值，因为用户不知道发生了什么，此时应该告知用户具体原因，并给出解决方案。

原则十：人性化帮助原则。对于一个设计良好的系统，用户往往不需要培训就能轻松上手使用，但是提供帮助文档依然是很有必要的。帮助文档应该易于检索，通过明确的步骤引导用户解决问题，并且不能太复杂。比如，为方便用户寻找，将帮助文档放在显眼的菜单栏，而且为使操作步骤易于理解，使用图文引导。

防呆设计

很多人吐槽过五孔插座的设计，吐槽最多的一句话是：规划五孔插座的人可能从来没有用过这种插座吧！

五孔插座由一个两插和一个三插组成，但是两者的距离相差一点点，导致用户不能同时把两个插头插进插座。其实这是一种防呆设计，就是为了预防两个电器同时使用时超出额定电流而引发的安全事故。

防呆是一种预防矫正的行为约束手段，运用避免产生错误的限制方法，让操作者不需要花费注意力，也不需要经验与专业知识即可直接无误地完成正确的操作。

防呆设计主要有十大原则，分别是：断根、保险、自动、相符、顺序、隔离、复制、标示、警告、缓和。

断根

工业设计：从根本上排除发生错误的原因。

我们都知道，电梯超重时会发出嘀嘀嘀的警报声，并且电梯门会保持打开状态，无法开始运行，只有下去1个或几个人，重量减轻后才能正常使用。这就从根本上断绝了由超重导致的安全隐患。

互联网产品设计：避免让用户进入可能发生错误的阶段。

我们熟悉的按钮的不可用状态，是因为在未达到任务执行条件时，按钮是不可点击的。例如淘宝的商品选择界面，当产品缺货时，用户是不可以选择的，这就避免了在付款时才发现缺货，再返回来修改订单的问题。

保险

工业设计：同时或按照顺序使用2个以上的行为完成任务。

比如保险箱，需要使用钥匙和密码双重保险。

互联网产品设计：增加用户的操作步骤或复杂度，给用户更多思考的机会和时间。

微信取消关注时的二次确认，就是保险原则应用于产品设计的例子。用户在进行删除操作时，需要经过左滑—点击—点击3个步骤才能完成删除，这避免了用户一时冲动或不小心造成的损失。

自动

工业设计：运用物理学、化学与机械结构学原理，自动开始或停止运行。

例如，马桶水箱在浮漂上升到一定高度后就自动停止蓄水；空调在房间里的温度降到预设温度后就停止制冷；烟雾传感器在烟雾浓度达到极限值时会自动报警并喷水灭火。这些工具都是通过检测特定指标来采取行动的，以预防或补救错误。

互联网产品设计：根据预先设定的规则，自动开启、修正或停止某项功能，避免错误发生。

切换网络状态时，视频网站暂停下载并进行提示，运用的就是自动原则，这可以避免因为Wi-Fi断开而可能导致的流量费用。

相符

工业设计：利用形状、数字公式、发音、数量进行检测。

如果我们生活中的常用物品有多种使用方式，且其中只有一种是正确的，那么这个物品很可能会给我们带来各种困扰。你可以回想一下你是否有在自动取款机前把银行卡插反，又不得不拿出来重新插入的经历。因为这个卡片可以以4种姿态被放进去，虽然卡面和插卡口旁边有标识箭头，但总会有粗心或着急的人在仓促间插反。而SIM卡只通过一个切角就完美地解决了这个问题。卡片和卡槽的缺角，限制了卡片的放置方式，使之只有一种，因此完全避免了用户放错位置的情况。

互联网产品设计：通过数据类型、格式、手势等进行匹配校验。

例如在登录页面，系统只显示4个输入框，且直接弹出数字键盘，这就将验证码的格式限制为"4位数字"，从而有效避免用户输入格式错误的验证码。

顺序

工业设计：按流程编号依序运行。

比如，宜家家具和乐高积木的组装说明书给所有零件都编了号，并且把安装步骤按数字排序，用户只要看着说明书，严格按照步骤操作，就一定能拼出正确的产品。

互联网产品设计：将复杂的操作分成若干步，并引导用户完成操作。

例如，新手引导功能就是按照顺序一步一步来引导用户完成复杂操作，避免用户犯错的。

隔离

工业设计：通过区域分隔保护某些区域，避免危险或错误。

比如，洗衣机、烤箱、热水器等家用电器载有儿童锁，以防止儿童误触，这都是通过物理隔离或程序隔离的方式来避免儿童受到伤害的。

互联网产品设计：通过隔离的方式来保护特定的区域或内容。

例如，在分享内容时，我们可以通过规定分享的类型、限制分享的时间、选择可打开链接的受众等方式来保护分享的内容。百度云盘可以设置分享的时间，超出时间则无法查看；石墨可规定分享内容是否可编辑，避免内容被随意修改；用户发微信朋友圈时，也可以选择"谁可以看"。

复制

工业设计：利用复制来方便核对。

我们熟悉的"合同一式两份"就是通过复制原则来避免合同内容被篡改的；寄快递时，快递小哥会打印两份一样的单据，一份由快递公司保存，一份由寄件人保存，用以确认寄出的商品。

互联网产品设计：通过重复的方式进行确认。

在设置或修改密码时，系统要求用户重复输入2遍密码，核对相同后才能完成修改，这可以有效避免用户的误操作。

标示

工业设计：运用线条、形状、颜色等标识进行区别，以方便用户识别，避免可能发生的错误。

红绿灯的设计就贯彻了标示原则。我们印象中的红绿灯就是红、黄、绿3个颜色的圆灯，红灯停，绿灯行，黄灯准备，以颜色进行区分；之后考虑到色盲群体识别颜色的困难，红绿灯又在原来圆灯的基础上加入了行走的小人和站立的小人，这是增加了形状标识。颜色和形状的双重标识让红绿灯变得更容易被大众识别，减少了由误认导致的交通事故。

互联网产品设计：运用颜色、形状、图案等视觉元素辅助用户进行正确高效的识别。

比如，删除按钮大部分都是红色的，就是运用了颜色标识；还有提示未读消息的小红点，也是形状+颜色标识的代表。

警告

工业设计：通过颜色、灯光、声音等方式对不正常的情形进行警告，及时纠正错误。

油表在仅剩一格的时候会亮起或闪烁，提醒车主加油，避免出现车辆搁浅在路上的情况；冰箱在长时间没关门的时候会发出嘀嘀嘀的警报声，提示用户关门。

互联网产品设计：通过颜色、文案、声音、动效等方式给出异常提示。

我们熟悉的二次确认对话框就采用了文案、颜色、弹出的动效来给出异常提示。

缓和

工业设计：缓解或减少错误造成的伤害。

易碎品快递总是包裹着厚厚的充气胶囊和塑料泡沫，以此来保护物品不被暴力运输摔坏；乘坐飞机、驾驶汽车时，驾驶员和乘客都必须系安全带；人们在工地行走时必须佩戴安全头盔……这些都是通过缓和原则来尽可能减少错误造成的损失的。

互联网产品设计：帮助用户解决问题，或尽可能减少损失。

比如苹果手机相册，在用户删除照片时会先进行二次确认（保险原则），当用户确认删除后，再将照片移动到"最近删除"板块中，这样即便是两次都误操作了，用户也是有机会挽回损失的。

总之，你如果平时注意观察四周，就会发现处处都有防呆设计的影子。正是这些细小的设计让我们不仅能享受工业产品带给我们的诸多便利，还能免去类似影视剧里倒霉人设的"状况百出"。

迭代改进

技控措施的定型就像一个作品最终的定稿过程，需要反复测试、迭代改进，直至把每个细节都打磨到完美。

在影视业，皮克斯是最成功的动画工厂，其生产的每个作品几乎都取得了成功，它依赖的就是不断迭代改进的动画生产流程。皮克斯生产一部动画片一般要经过6个阶段。

第一阶段是形成创意。只要提出一个非常简单的概念就好。这里比的是纯灵感，可以天马行空，比如"一只法国老鼠喜欢做饭""一个脾气暴躁的老人""一个女孩头脑的内部"。

第二阶段是把创意变成一个简单的故事。你需要写出12页的故事概要，然后将其分发给皮克斯上上下下的员工、导演、艺术家、主管，让大家随意批评。

第三阶段是写剧本。一个剧本大概是120页，1页的时长是1分钟。

第四阶段是把剧本拍成一部草稿版电影。虽然是草稿版，但其必须是一部完整的电影。

一个分镜头在电影中大概是2秒钟，你必须把所有的分镜头都画出来，然后变成视频，还要找员工念其中的对白，再加上最简单的音效。拍草稿版电影需要三四个月，然后皮克斯内部人员会观看这部草稿版电影。根据观众的反应，你就知道这个电影行不行。大部分项目会在这一步被直接放弃，留下来的项目都得到了一大堆观众意见：这个情节我看不懂，那个角色设置有问题……

第五阶段是重拍。剧本会被大幅度改写，在重新画分镜头后，再制作第二版草稿电影。然后内部人员再提意见，再重拍一个版本……总共要拍8个版本的草稿电影。

我们在看一部皮克斯电影时，之所以会觉得每个镜头都是那么恰当，每一句台词都是那么精彩，正是因为它是多次迭代出来的。在《头脑特工队》的最初版本中，女孩大脑里有更多的角色，但在草稿版电影放映过程中，皮克斯发现观众把握不住这么多角色，就取消了几个。另外有一句对剧情非常重要的台词，本来是由主人公说出的，可是观众反映这句话会让人讨厌主人公，导演就把这句台词安排给另一个角色，让他对主人公说……迭代8次之后，电影制作终于进入最后一个阶段。

第六阶段是拍正片。

在正片开拍之前，影片中的所有细节和台词都已经完全确定，所以你才能放心大胆地动用数百个高科技工程师，使用最先进的技术，找顶级明星配音，让著名作曲家创作配乐……才可以理直气壮地花钱。

公众看到的其实是电影的第九个版本，所有足够复杂的好东西都是迭代出来的。

测试评定表

对技控措施做最终定型之前要进行测试,这里我们可以使用一个工具叫测试评定表(见表11-1)。

表11-1 测试评定表

	维度	内容描述
实施	测试样本	
	评价指标	1. 功能指标: 2. 易用性指标: 3. 防错性指标:
	通过或失败的评价标准 (达到什么标准方为测试通过?)	
	测试时长 (3天、5天、7天)	
	数据监测周期	
	测试形式	
反馈	使用评定	主要功能是否实现:□功能1 □功能2 □功能3 □功能4 易用性评价:□操作更简单 □操作用时较短 □能满足使用需要 防错性评价:□出错率低 □能自动纠错
	测试结果评定 (通过/修复/失败)	□通过 □修复 □失败
	修复计划	1. 修复内容: 2. 修复及再测试时间:

测试评定表包含的内容有测试样本、评价指标、评价标准、测试时长、数据监测周期、测试形式等。

测试样本不易过多。《设计冲刺》一书提到，用户研究专家雅各布·尼尔森在分析了83项产品研究后，得出的结论是：85%的问题在采访5个人之后就能被发现。在很多情况下，做更多的用户测试并不能发现更多问题，只是在增加工作量而已。所以样本量并不需要很大，测试人员一定要考虑成效代价比。与其投入更多时间和精力去发现剩下的15%的问题，不如先修改85%已经暴露出来的问题，然后再做下一轮测试。

评价指标有3项需要测试，分别是功能指标、易用性指标和防错性指标。

- 功能指标，是评价措施的功能有没有实现的指标。比如，如果一个表格设计出来是为了帮助大家检核资料是否完整的，那么如何评价这个功能是否实现呢？企业可能会用资料提交完整度来评价。
- 易用性指标，是评价措施是否简单易操作，使用起来方便快捷的指标。如何评价？比如：填写速度变快了，检核费用的时间缩短了，等等。
- 防错性指标，是评价能不能降低操作过程中使用者出错概率的指标。如何评价？比如：出错率降低了。

评价标准：达标的分数线。

测试时长：测试的周期，一般选择3~7天，宜短不宜长，而且测试频率和发生频率并不能画等号。

数据监测周期：多长时间记录一次测试数据。

测试形式：问卷、系统、表格等。

测试要区分真实场景测试、模拟测试和原型测试。注意：原型既不是已成形的产品，也不是完成产品过程中生成的中间产物，而是用来检验产品设计是否合理有效的设计稿。就像盖房子，建筑师不是直接就开始盖，而是先画设计图纸并制作实体模型，以此推演、验证自己的设计是否可行。

测试之后，测试人员一定要给出结论。测试完之后，三大功能指标是不是都实现了？测试的结果是通过、修复还是失败？

- 通过：措施符合功能指标、易用性指标、防错性指标的要求。
- 修复：有漏洞，但不影响主要功能，可以修复；继续制订修复计划。
- 失败：需要重新设计。

封装三件套

定型就是要形成标准打法。技控措施测试成功后，相关人员需要把具体的方法按照标准格式形成正式的文件和工具，方便复制。所以定型的最后一个环节叫封装，需要完成3件事：第一件是完善措施说明书，告诉别人这个东西怎么用；第二件是完成测试报告，即基于前面的测试结果形成正式的测试报告，让别人能放心使用；第三件是为技控项目命名，也就是在推广之前还需要给技控措施起一个有吸引力的名字。

至此，我们按照技控密码的4个步骤和8个工具，围绕业务课题还原了业务现状，精准识别出了关键问题点，然后对症下药，开发了几种有效的措施，最后形成标准打法并进行复制推广，使组织可以系统地、长久地提高效率。

第12章
推广与实践

推广计划5要素

要想让技控措施在组织中发挥更大的作用，复制推广是必由之路。"兵马未动，粮草先行"，在推广之前，要先制订计划。推广计划有5个要素需要考虑：

- 推广范围。在公司内推广技控措施，首先要确认在哪些部门、哪些岗位进行推广，同时要界定所涉及的管理层级。
- 完成标准。明确使用者的行为标准，也就是我们需要他做出哪些必要的行为动作，以及做到什么程度。
- 实施计划。列出具体的任务分工、实施计划和时间安排等。
- 所需资源。思考在推广的过程中可能需要什么资源，比如费用、人力系统支持等。
- 预期结果。预估推广结果，用课题的指标或者其他的关键业务指标来衡量。

我们做推广计划的目的是让推广更有计划性地推进，还有一个更重要的目的是进行内部沟通和获得支持，特别是当我们需要说服领导时。如果有这样一个明确的推广计划，你就能清楚地告诉领导你要在什么范围内推广，会不会影响正常的生产，你要推广到什么程度，你需要什么资源，以及最重要的——你能给组织带来什么价值。如果能把这些都说清楚，你就更容易获得领导的支持。

推广形式

技控项目的开展形式有多种，你可以选择线下工作坊的形式，也可以选择线上训练营的方式，还可以将线下和线上结合起来。

目前在国内开展的技控项目，更多的是在企业内部举办技控大赛，形式也很灵活。

第一，赛制可长可短。可以多轮PK（比拼），走完全程；也可以简化，只比拼最后的成果。

第二，赛程可快可慢。不同的企业，文化不同，对大赛的进程和效率的要求也不同，快的企业，一个半月就能赛完，而想要赛得更丰富的企业，也可以拉长赛程到5~6个月。

第三，主题可泛可聚。可以是开放式主题，比如人效提升、效率先锋、技能大赛等；也可以聚焦专题，比如某民航企业以三基赋能为主题，因为民航局对全行业提出三基建设的要求，即抓基层、打基础、苦练基本功。

第四，参赛范围可大可小。可以是全员技控大赛，也可以是针对某个群体的技控大赛。

第五，技控大赛的发起可单可合。技控大赛可以作为一个项目品牌，在组织中独立开展，也可以结合组织内原有的传统赛事开展，这样资源能得到更充分的利用，技控大赛也更好推动，比如结合企业原有的技能大赛、创新大赛、质量大赛等。相关发起人可以联合其他部门共同发起，让更多的利益相关方参与进来。

总之，在标准框架下，技控大赛的实际操作可以非常灵活。就像罗振宇在跨年演讲中所说的：数字化转型，100个亿有100个亿的数字化，100块有100块的数字化。这个道理，对于企业技控大赛是一样的。

技控密码实践回顾

下面，我们通过一个银行房贷客户开发案例来完整地回顾一遍使用技控密码开发和推广技控措施的过程。

有一家商业银行在做业务分析时发现了一个不合常理的现象：从常识讲，有能力买房的人通常工作和收入应该是不错的，他们原以为这个群体会是潜在金卡客户的富矿，但业务现状却是5个房贷客户中只有1个能转化为金卡客户，比例非常低。

所以他们就希望通过技控密码来解决这个难题，于是锁定了选题：房贷客户经理签单金卡达标率从20%提升到40%。

接下来，他们使用工作画布对房贷客户转化为金卡客户的全过程进行还原，一共梳理了3个角色、33个动作、12个工具。

他们从第一个接口动作中发现，在置业顾问筛选推荐客户环节就出现了问题。他们当前的做法是不论什么楼盘，不论哪种置业顾问，全部扫一遍。而这样不做区分的结果就是：推荐过来的客户不够优质，效率很低。

那怎么解决呢？通过BEM编码器逐一选型，他们在4个技控点上找到了16个技控措施，其中核心措施有两个。

核心措施1：找准楼盘，建立楼盘筛选标准。

他们通过分类后发现，有几种楼盘是很难合作的，比如：不愁销售的网红盘，主动择客意愿不强；新合作的楼盘，对银行服务心存疑虑；按楼栋分单，接单目标明确，但择客空间有限。

而有两种楼盘最有潜力：第一种是开贷楼盘，也就是刚开始推行房贷的楼盘；第二种是续销楼盘，也就是热门楼盘的二期销售楼盘。这两种楼盘合作黏度高，会主推本行业务，希望获得更优的贷款方案，容易成交。

核心措施2：找准销冠，对置业顾问进行画像。

在对置业顾问的现状进行分析后，他们发现了一些问题，比如：关系好的置业顾问愿意帮忙，却数量不足；新入职的置业顾问懵懵懂懂，实力不行，等等。总的来说，非销冠置业顾问业绩压力大，自身不保，也没有精力给银行推荐金卡客户。结论是只有营销实力强、客户黏度高的销冠，才是转介金卡客户给银行的主力。于是他们就对销冠进行了画像，并据此锁定目标楼盘的销冠。

通过实施上面两个核心措施，同时结合其他技控点开发的有针对性的措施，仅仅3个月，该银行的金卡新增数就达到了近万户，超过课题指标20%。其业绩排名也从原来全国同等行的二十几名冲到了第二名的位置，并获得了总行颁发的房贷综合经营优秀分行奖。

参与技控措施开发的业务人员都说：技控带给他们的不仅仅是业绩指标的提升，更是思维方式的飞跃。

第三部分

升级篇

第13章
技控的升级与进化

工欲善其事，必先利其器，正所谓磨刀不误砍柴工。提升效率最重要的是开发合适的技控措施，也就是在动手解决一个问题之前，先找到正确的方法。但是开发技控措施并不是一蹴而就的，通常情况下刚开发出来的措施并不完美，使用起来也会有这样或那样的不足，需要反复地迭代改进。而且即使是很完善的技控措施，也会随时间推移、环境变化和技术进步而被更先进的技控措施所取代。

技控措施的4个级别

技控措施从简单到复杂，从基础到高级，可以分为4个级别：岗位级、流程级、系统级和生态级。

为了方便技控措施落地，我们可以从简单的岗位级技控开始。岗位级技控解决的是一个岗位、一件事甚至是一个环节的效率问题，因为解决的是一个点上的问题，所以它又叫点效率提升。比如麦当劳首先提升的是店面的出餐速度，技控点可以是做炸鸡的速度、烤薯条的速度、打包的速度等，点效率的提升比较直观，如果措施得当，当场就能看到效果。

当点效率提升到一定程度后，我们就可以把视野放宽，尝试提升整个流程的效率。流程级技控需要把多个技控点连成线，所以又叫作线效率提升。比如，你如果想对麦当劳的出餐效率做更大的提升，就可以对整个点餐、备餐和出餐的流程进行梳理，同时改进从后台到前台的多个技控点，特别是各环节的协同和统筹，消除瓶颈、调整节拍，以使流程的效率更优。

我们进一步要考虑的是多个流程的协同，把视野从局部最优转向整体最优，追求更高的系统效率。比如，若把麦当劳门店看作一个系统，你就要考虑多人点餐的情况，还要考虑设备、座位、员工安排以及忙闲时的效率。

我们如果把视野从组织内部提升到涵盖组织运作所依赖的各利益相关方的高度，就会发现组织的效率同样受限于整体环境，比如政策、技术和文化的制约，同时与上下游的效率密切相关，这时效率由整个生态系统的水平决定。同样以麦当劳为例，麦当劳的整体效率不仅在于自身的系统建设，还在于原料供应商、物流商、设备制造商、合作的店面装修公司、劳务外包服务商等生态伙伴的配合情况。

有一则流传甚广的关于爱因斯坦的故事：

1951年，爱因斯坦在普林斯顿大学教书。一天，他刚结束对一场物理专业高级班考试的监考，正在回办公室的路上。他的助教跟随其后，手里拿着学生的试卷。这个助教小心地问："博士，您给这个班的学生出的考题与去年一样。您怎么能给同一个班连续两年出一样的考题呢？"爱因斯坦淡定地说："答案变了。"

多数情况下，每一代人所遇到的问题都是一样的，但是人们用来解决问题的方法一直在改变，可以说，技控措施就像生物体一样是不断进化的，进化的结果是解决问题的效率越来越高。

从印刷术的进化史看技控升级的过程

文明的传承靠的是文字，文字的传播靠的是印刷，在人类漫长的文明史中，人们不断地革新印刷方法以提升效率。

最早的书只能靠抄写，效率极低

从人类发明楔形文字至今，在80%的时间里，我们都是靠"抄书"来复制信息和传播知识的。那时候的书价格非常昂贵，有两个原因：一个原因是抄书很费人工，而且很容易抄错；另一个原因是，这些书都是以羊皮为材料的，非常贵重。

那时候的抄书效率完全由负责抄书的个体决定，所以人们提升的都是点效率。人们也尝试了很多技控办法，比如犹太人发明了有效校对抄写错误的方法：把希伯来文的字母与数字对应，在抄写时核对每一行字母对应的数字之和，如果数字之和错了，就说明抄写过程中一定产生了错误。但总体来说，抄书的效率太低了。

雕版印刷的使用，从点效率进入线效率

早在隋末唐初，中国人就发明了雕版印刷，一套雕版一般可以印成百上千张，这样书籍就能批量生产了，每一册书的制作成本也降低了。雕版印刷是一种比较好的解决"我又"类问题的技控措施，属于从点效

率向线效率过渡的技控。

雕版印刷的出现恰好赶上科举制度的诞生，全社会形成读书、考科举的风气，文人的地位开始提高，文化出现了空前的繁荣。而这正是因为雕版印刷助力了低成本的信息传播，使得知识快速普及。

古代的雕版工人并不需要认识字，每个字在他们眼里都是一幅画，刻对了就行。有趣的是，正是因为刻工不识字，雇主才肯将一些含有秘密的文字交给他们印刷。雕版印刷普及以后，就产生了一个刻工群体，每个时期大概有上千人。他们遵循师徒传承，手艺越来越精湛，印出来的书十分精美。随着分工越来越精细，雕版印刷渐渐有了线效率的雏形。

但是雕版印刷存在的问题也是非常明显的。虽然雕刻木板出现错误的概率要低于手写，但它还是有可能出错的，一旦出现错误又没有及时发现，就只能全部重新来过，或者就让它那样错着。另外，每个版只能印一本书，一旦不再需要这本书了，这个版也就没用了。所以，很多人都在寻找可以重复利用的印刷方法，于是活字印刷被发明出来了。

可以重复利用的活字印刷提高了系统效率

活字印刷相比雕版印刷有一个显而易见的好处，即雕版印刷需要保存大量的木板或金属板，而活字印刷不用保存这么多。活字印刷把常用的每一个字都刻好，形成一个小单元，之后印刷时只要把这些单元的顺序换一下就可以了。但是想通过活字印刷来提升效率可没有那么简单，特别是汉字的活字印刷在历史上走过了漫长的探索之路。

在《梦溪笔谈》中，沈括记录了北宋时期的工匠毕昇发明活字印刷术的事迹。毕昇所发明的胶泥活字印刷术从理念上讲是相当先进的，但是在当时的中国却没有成为主流。这是为什么呢？因为技术水平达不到要求。毕昇所在那个时代，还不能烧制出来特别整齐划一的胶泥活字，这导致几百个字拼成的一个版，印出来的书连字都对不齐，美观程度比雕版印刷的书差远了。再加上烧制出来的活字强度不够，印不了几张就会损毁。所以，从效率上讲，胶泥活字印刷也不比雕版印刷强多少。

很多刚发明的技术都是如此，刚出现的汽车肯定比不上马车，刚出现的计算机有几十吨重。如果没有后面的迭代升级，这些新技术也会变成一个个僵死的怪物，毕昇的活字印刷术就是掉到了这个陷阱里。直到400年后，德国的谷登堡发明了铅锡合金活字技术，活字印刷术才得以在世界范围内流行起来。

2005年德国评选了历史上最有影响力的德国人，谷登堡排在第八位，在巴赫和歌德之后，在俾斯麦和爱因斯坦之前。为什么大家对谷登堡的评价如此之高呢？因为他发明的不仅是一种采用活字印刷的方法，还有一整套印刷设备，以及可以快速大量印刷图书的生产工艺流程。

谷登堡的第一个发明，就是所谓的"谷登堡字母库"。这是一种能够大量铸造一模一样的金属活字的技术。拉丁文总共只有几十个字母，还有少量的数字和符号。所以，人们只需要很少的模具，就可以制作大量的活字。而且，这些活字使用的是同一套"谷登堡字体"，这就让印刷出来的页面非常整洁美观。

谷登堡的第二个发明是一种手摇印刷机。谷登堡还发明了专门的油墨，并制定了从排字、校对到装版的一整套工艺流程。在印刷的时候，两个人配合，一个人上墨，一个人印刷，流水线式的工作，一个小时就能印刷240张，这标志着线效率已达到很高的水平。

谷登堡最重要的贡献不是发明了技术，而是他发明的技术产生了更加细密的分工，促使3种职业群体迅速崛起。

第一个崛起的职业群体是印书商。

其实谷登堡本身就是个印书商，他发明印刷术就是为了印书挣钱。谷登堡花了4年多的时间培养了一大批徒弟，他们也都成了印书商。他们带着技术和印刷机，走向欧洲的各个城市，一路寻找投资，一路印刷书籍。活字印刷术只用了不到20年，就在欧洲迅速传播开来。

第二个崛起的职业群体是排字工人。

这些工人与过去的工匠可是大不相同，因为他们不光得识字，做事还需要认真仔细。也正因为如此，排字工人的收入很高，吸引了很多有知识的年轻人去学排字。

第三个崛起的职业群体是作家。

欧洲早期印刷的图书除了《圣经》和宗教读物，就是古代贤哲的著作。可是随着印书商越来越多，这个市场很快就饱和了。于是，印书商开始寻找那些有创作能力的作家写新书，并先垫付给他们一些报酬。"约稿"这种商业模式就诞生了，在这个过程中，职业作家也随之慢慢兴起。

所以谷登堡不仅是一个发明家，他还是一个系统的整合者，也是专业化分工的推动者。他不仅奠定了印刷业系统效率的基础，还打开了生态效率的大门。更多的人在经过他改进的系统里找到了自己的位置和生计，他们通过自己的专业化工作，不断地推动这个系统滚滚向前。

正如《文明之光》的作者吴军老师所说，发明不是某个发明家灵光突现、单点突破的结果，它其实更依赖3样东西：

第一，是与发明相关的社会"配套"。

第二，是科学方法带来的持续改进和迭代。

第三，一项技术或发明的诞生，是科学家、产品家、投资家、企业家、工匠不断接力的结果。只有围绕这项技术产生更加细密的分工，它才有可能成为人类真正的财富。

而中国真正采用活字印刷，是在西方传教士和商人解决了好几个毕昇没有触及的关键性问题后。第一是要保证活字的使用寿命，用铅字取代胶泥字，做到耐用；第二是解决活字的批量生产问题，这个问题不解决，活字排印的成本相比雕版印刷就没有太大的优势；第三是对汉字进行词频分类，再按照偏旁部首排序，这样才能够让一般的排字工经过简单的学习后快速排版，解决排版的效率问题。另外，将字体标准化，解决了美观的问题。

不可否认，活字印刷相比雕版印刷是一种颠覆式创新。但是，这种创新仅仅靠一项关键性技术远远不够，我们还必须解决和它相关的很多技术，才能让它成为一种真正改变世界的力量。

复制信息的技术，从抄写到印刷再到20世纪的电磁复制和激光复制，大致经历了4代。每一代相比上一代，速度越来越快，成本越来越低，准确率越来越高。从提升个别环节的点效率，到改进流程以提高线效率，再到完善系统和生态，这个不断升级的过程也是所有技控措施的进化之路。

升级的3条主要路径

细分

过去，我们经常用同一种措施去解决所有的问题，但今天我们更习惯针对不同的人群或场景使用不同的措施，这就是一种升级。比如，早期公共洗手间的设施都是一样的，后来针对性别做了区分，增加了男性的小便池，随后又进一步细分，增加了专门供男童用的小便池和专供残疾人用的设施。

人们对生活中很多经过细分后升级的技控措施已经习以为常，比如银行的VIP窗口、飞机上的头等舱，以及医院的急诊和门诊之分，鞋子的运动和休闲之分，洗发水的护发和去屑之分。

换代

随着技术、材料等的进步，人们总是在不断开发和更新技控措施。在生活中，技控措施的更新随处可见，比如为了提高效率，人们所使用的通信设施一直在进步，从早期的烽火示警、驿站传书到后来的电报电话，再到今天的互联网和移动通信，这个更新换代的过程就没有停止过。手机也是不断地升级进化，一代淘汰一代。

其他领域的技控升级也是通过不断换代完成的，比如工作软件、军事装备、科学范式甚至人类的社会形态等。

整合

琴棋书画诗酒花，柴米油盐酱醋茶。过去很多单一且独立的措施，现在却被整合到一起，比如我们平时常用的味精、盐、酱、醋等只针对一种味道的单一调味品，现在进化成由两种及以上调味品混合而成的复合调味品。现在，人们烧菜时只需要把一大包复合调味品和食材放在锅里，无须把控烧菜流程，其实这也是连锁餐厅提升效率的措施之一。艾媒咨询数据显示，2020年中国复合调味品的渗透率达到26%，而美国、日本、韩国及欧洲等地区，复合调味品的渗透率更是远高于中国，最高达 73%。

这种将各种措施组合起来形成整体解决方案的方式就是整合。

升级要考虑的3个角度

技控升级要考虑用户、竞争对手和自身3个不同的角度，且多数时候要同时考虑这三者。

从用户角度出发

技控措施的升级和进化就是从粗糙的原型升级为标准化的可推广的方法和工具，并且经过不断迭代变成好用、易用的产品的过程，所以技控措施升级的背后是产品思维。

所谓产品，就是用户在什么场景下解决什么问题的措施。而产品思维是一种解决问题的综合思维，既要解决问题，又要把解决方案产品化。所以，技控升级就是要找到更好的解决问题的办法，或者把解决方案做成更好的产品。

著名的产品专家梁宁谈过她在腾讯工作时是怎样理解产品思维的。她说在这家以产品著称的公司内部，大家在沟通时并不用"产品"这个词而是用"服务"。

她用一个例子来解释这两者的区别：假如你是一家生产打孔机的公司的产品负责人，你首先要明白一件事情，就是用户并不需要一台打孔机，而是需要墙上有一个洞。如果你定义自己在做的不是一个产品，而是一项服务的话，你的逻辑就会变成：我需要提供一种怎样的服务才能让用户的墙上有一个洞？那至少有两种方案：第一个就是做一个打孔机，然后卖给用户；第二个就是做一个打孔机借给用户，或者提供服务，在用户需要的时候，上门给他打孔。

你要以让用户得到这个洞为目的去提供服务，而不是只想着我要做一个打孔机，然后卖出去。所以产品思维并不是以产品为中心，而是以用户获得和用户满足为中心来做设计。比如下文这个根据用户需求来改进奶昔的例子。

有一家快餐店希望找到增加奶昔销量的措施。

一开始，他们按照常规的市场调研方法，找来了一些典型的奶昔消费者，然后询问他们一些问题，例如："请您说一下，我们要怎样改进才能让大家多买一些奶昔呢？"收集到的意见有降价、把奶昔做得更浓稠，以及给奶昔增加一点儿巧克力的味道。但是接下来的几个月，快餐店根据这些意见做了多项尝试和创新，业绩却毫无变化。

后来他们决定转变视角，先探索用户的需求。他们开始研究那些来买奶昔的顾客，看看顾客的生活中出现了什么"任务"需要解决，促使其来快餐店买奶昔。

结果发现，竟然有不少顾客在早上9点以前独自来买奶昔，而且这些顾客几乎只买奶昔，买完就直接带走了。通过询问，他们发现，原来这些早上来买奶昔的顾客都想解决同样的任务：开车上班的路程很遥远，顾客感到很无聊，因此需要增添一些乐趣。

选择一款适合在开车路上吃的东西并不容易。甜甜圈太容易掉屑，还会黏手，把衣服和方向盘弄脏；贝果面包太干，也没什么味道，如果要涂抹奶酪和果酱，他们还得用膝盖控制方向盘；士力架巧克力棒会让人充满罪恶感；等等。

相比之下，奶昔是最完美的选项——浓稠的奶昔可以用吸管吸很久，而且单手拿着刚刚好。

这个需求可以从用户角度重新定义为：顾客早晨需要一杯浓稠的奶昔，以在无聊漫长的上班途中吸很久。创新的方向可以是在奶昔里添加果粒，但这么做不是为了让奶昔更健康，因为顾客买奶昔并不是为了健康。添加果粒或巧克力碎块是为了给每一口奶昔增添一点儿"惊喜"，让顾客的上班之路变得更有趣。而且快餐店把奶昔机从柜台后方移到了前方，提供刷卡功能，让晨间开车上班的人可以匆匆进来，刷卡买杯奶昔后迅速离开。

这就是使用产品思维来做技控升级。

有效的技控升级还要考虑竞争要素

技控升级就是要不断找到更好的办法，所以升级本身也是一个创新的过程。这种创新不仅要使措施比原有的措施更有效，还要获得比其他竞争者更好的手段。

有一家食品公司生产一种叫作奶球的糖果，其是用一种以黄棕色小盒子包装的。公司想把奶球推销给爱吃糖的小朋友。

但是调查后发现，在消费者的心智中，糖果棒已经成了糖果的代表。对于大多数孩子来说，想吃糖果的时候，脑海中立即就会冒出糖果棒的概念。这个赛道存在很多大品牌，比如好时、雀巢、锐滋、士力架等，这些品牌每年都会花费大量的广告费做推广。

在广告预算十分有限的情况下，该公司怎样才能找到更好的营销方法以赢得竞争呢？深入研讨后，公司决定重新定位糖果棒这个品类，不是把奶球放到糖果棒的红海市场里去竞争，而是让奶球成为比糖果棒更好的替代品。这就需要找到一个相对优势点，在这个点上，现有糖果棒有缺陷，而奶球恰好可以克服它。具体的办法就是做竞争分析。

经过竞争分析，公司发现糖果棒有一个弱点，就是不耐吃。小孩子吃完一根售价30美分的好时糖果棒，仅需2.3秒，这使孩子心中滋生了一种不满情绪。

"好不容易挣来的零花钱，买几根糖果棒就没了。"

"不是我吃得更快了，是糖果棒比以前短了。"

奶球与糖果棒不同，使用的是纸盒包装，而不是塑料纸。这样一来，小朋友就能吃到15粒散装的裹着巧克力的焦糖奶球。与糖果棒相比，一盒奶球能吃很久。

针对竞争对手，奶球可以被定位为"耐吃，糖果棒的替代品"。根据这个定位，公司拍摄了一则30秒的电视广告，广告旁白和画面如下：

（1）从前，有一个小孩，他有一张大嘴……（广告画面上，一个小孩站在一张大嘴旁边）。

（2）……爱吃糖果棒（小孩将糖果棒大把大把地扔进大嘴里）。

（3）……然而，糖果棒很快就被吃完了（小孩手里的糖没了，大嘴十分沮丧）。

（4）后来，小孩发现了焦糖巧克力奶球（小孩举起奶球，大嘴垂涎欲滴）。

（5）大嘴爱上了奶球，因为可以吃很久（小孩把一粒粒奶球放到大嘴的舌头上）。

（6）（随后，小孩与大嘴齐声唱起了广告主题歌）当糖果棒已成追忆，奶球还没吃完。

（7）给你的嘴巴来点奶球吧（小孩和大嘴都露出了大大的笑容）。

广告播出后的几个月内，奶球销量创下了历史新高。

更先进的技控措施通常也是打败对手、赢得竞争的手段。在升级技控措施时引入竞争视角，可以帮助我们更精准地锁定开发方向。识别竞争对手的缺陷，努力开发出克服这种缺陷的方法，我们就能实现升级。

从自身出发，技控升级有时候不是增加功能而是去掉非核心功能

空气炸锅曾被闲鱼评为"十大无用商品"的第一名，很多买了的人都觉得它是中看不中用，只能在厨房吃灰。不过现在空气炸锅"咸鱼翻身"，成了新晋的"小家电之王"，买了的人纷纷叫好，没买的人也跃跃欲试。为什么会发生这种变化？

空气炸锅最初主打的是"无油"的健康概念，但是在对用户的使用场景进行深入研究后，企业发现，它最应该突出的功能不是"健康"，而是"方便"。手残党只需要把食材丢进空气炸锅，就能收获一份食物。当你想立马吃到薯条的时候，你不用费劲去点外卖，只要从冰箱里拿出食材，用空气炸锅"叮"一下就好。

于是企业去掉了空气炸锅的所有非核心功能，围绕"方便"这个核心功能，跨界联合开发了空气炸锅专属预制菜，比如理象国的空气炸锅小酥肉，盒马的空气炸锅皮皮虾、梭子蟹，三全的空气炸锅丸子、烤肠。这些半成品跟空气炸锅正好是绝配，而空气炸锅也成为C端预制菜的一个流量突破口。

综上，技控的升级，既是对措施本身的改善，也是对竞争手段的针对性超越，同时要对齐用户的预期。

第14章
岗位级技控提升点效率

技控首先解决的是岗位的问题，提升每一个岗位、每一个环节和每一个动作的效率是技控的基础，所以技控升级也要从岗位的点效率提升来开始。企业可以按照行为工程模型的上三层来逐层寻找升级的机会。

第1层：数据、要求和反馈

提升点效率可以从完善员工必要的工作条件开始，比如为送外卖的人员提供完整准确的收货地址信息，为出租车司机提供清晰的导航路线，为电商运营人员提供即时运营数据看板，为大会服务人员提供明确的分工和任务说明，为篮球赛场上的教练和运动员提供及时的数据反馈。员工如果没有行为工程模型第1层所列条件的支持，就相当于在蒙着眼睛捉迷藏，既搞不清自身的处境，也无法判断下一步的行动方向。

明确工作要求

很多管理者意识不到自己的做事方式是错误的。由于不知道其他角色对自己的要求，管理者会自发地以完成工作任务为导向，而不在乎最终由谁来做。在有时间压力的时候，他们会认为与其教会下属去做，还不如自己下场。久而久之，由于精力都被分配在完成具体任务上，他们就荒废了组织建设、下属培养和管理改善。

玛丽是一位专业的招聘人员，她最近被提升为招聘经理，管理着其他9名员工。在新岗位工作的第一周，玛丽的上司查理告诉她，目前公司的岗位空缺太多，候选人又太少，因此他要求玛丽亲自参与工作，招募更多更好的候选人。因为玛丽要忙于招聘，所以一些原来需要玛丽做的管理工作，比如制订调配资源的计划，就由查理直接完成了。

在这种情况下，玛丽和查理完成了任务，并且招聘到了关键职位的员工。查理对自己和玛丽都很满意。

表面上看，玛丽和查理完成了他们自己的领导角色，但是实际上，他们都未能恰当地履行应有的职责。查理开启了一个先例，那就是一旦危机出现，查理就会做大部分管理性工作，而玛丽则会回到原先招聘人员的角色。最后，玛丽学会了关注错误的工作方向，而没有学会如何重新调配资源（假如出现其他情况）。可是玛丽和查理都没意识到自己的问题。

这时候企业需要升级技控措施以明确工作要求。《领导梯队》的作者拉姆·查兰开发了一种领导梯队模型作为检核工具，这个工具分为领导技能、时间管理和工作理念3个方面。企业可以通过询问以下问题来确定查理是否明确自己的工作要求，以及在危机出现时是否能展现出这些能力。

领导技能：

- 查理是否要求玛丽完成与她所处领导层级相称的工作？
- 查理是否清楚如何培养一位一线经理？他有能力去培养吗？
- 查理是否知道如何建立公司内部项目组之间的正确关系，从而使自己能够及早地得知问题预警或者有关关键需求的信息？

时间管理：

- 查理在帮助玛丽了解一线经理的职能方面付出了多少时间？
- 查理在指导玛丽成为一线经理方面付出了多少时间？
- 查理在与重要的内部客户交流人员的招募和员工服务情况方面付出了多少时间？
- 查理对未来多长时间的工作进行了规划？他是否拥有关于员工需求的高峰期和低谷期的年度计划？

工作理念：

- 查理认为什么工作最重要，正如在本次危机中他以行动向玛丽及他人所表明的？
- 在此次危机中，当开始工作后，查理首先做的是什么事情？在早晨上岗后，他马上和谁进行了有意义的谈话？

让数据、信息和要求可视化

以一目了然的视觉形式呈现信息通常比文字描述更直观清晰，也更有利于大家明确要求和对情况进行判断。就像战争中军人都是借助地图来分析局势一样，管理者在管理工作中也经常使用可视化工具来提高效率。

在现代生产管理体系中，5S现场管理是通用的基础，5S即整理（Seiri）、整顿（Seiton）、清扫（Seiso）、清洁（Seiketsu）、素养（Shitsuke）。其中，第二步整顿即"秩序化、有序化"，这一步的目标是进行工作区域布置，使每件物品都易于查找、使用和归还，所有物品都有一个放置的地方，并且各就其位。

如果工作场所比较复杂，为方便工作人员，企业还会创建5S地图。5S地图是提供工作区域、流程或工作站概览的图表或平面图。它提供了一个视觉参考来显示工具、供应品、工人和行进路径的位置以及它们之间的关系。

一旦指定存储位置，每个存储区域就应贴上标签。在柜门外侧贴上标签，以帮助工作人员快速识别每扇柜门内的物品。然后，在所有内部架子上贴上标签，以显示不同用品的所属位置。同样的想法也适用于货架标签、箱子和其他存储系统。

许多设施使用"影子板"来存储工具，以确保每个工具都可以轻松被放回正确的存储位置。基于这种方法，与工具的形状和尺寸相匹配的标签被放置在该工具所属的位置。工作人员可以立即找到每件物品的所属位置，并清楚地看见该物品是否在那里，不用再浪费时间翻遍抽屉和垃圾箱。

除了在5S现场管理中被使用，丰田汽车还将可视化管理用于生产流程。

丰田汽车为了在各工序、车间、工厂以及协作工厂之间传递作业命令，确保在必要时间内制造出必需数量的产品，达到准时化生产的目的，发明了可视化的技控工具"看板"。看板作为传递信号、控制生产的工具，既可以是某种"板"，比如卡片、揭示牌、电子显示屏等，也可以是能表示某种信息的任何其他形式，比如彩色乒乓球、方格标识、信号灯等。

看板管理反映在生产流程中，通常是前一道工序使用零部件后，将附在零部件箱子上的卡片，也就是订货单或"看板"取下，然后定时将该卡片返回后一道工序，为下一次订货之用。总的来说，看板就是对生产过程中各工序的生产活动进行信息控制和管理的工具。通过看板，企业得以将库存减少，甚至使之接近为零，从而大大降低了成本，实现了较高的生产率。

在可视化管理方面，看板首先能起到物料标识的作用：一方面，零部件或产品的货架上若附有看板，工人就可以明确地知道库存号、产品编号、产品名称，易于搬运；另一方面，工序内看板挂在该生产线的初始工位，这样管理者就很容易判断现在正在生产的产品、将要生产的产品和各生产线的负荷状况。

其次，看板能起到自动控制生产过量、搬运过量的作用：通过看板，管理者容易判断生产与搬运是否过量。如果没有看板，各工序就既不进行生产，也不进行运送；看板数减少，则在制品也相应减少。因此，企业通过运用看板，能够做到自动防止过量生产以及过量运送，达到控制制造过剩的目的。

最后，看板还具备反映生产线进度的作用：操作者按看板所示的数量进行生产,即按必要的物品、必要的时间、必要的量进行生产。例如,在制品看板箱里的看板变少,表示后一工序的生产发生了延迟;反之则表示后一工序的生产进度加快。

现在,可视化作为一种技控手段已经被广泛地用于生产场景之外,比如电影院售票处用可视化的方式来方便观众选座位,房产经纪公司用楼盘的可视化工具来追踪销售情况,酒店也用可视化看板来方便住客订房,甚至会场给嘉宾安排的座位或者拍合影时的位置安排也可以通过可视化工具来明确。

可视化也可以是一种很简单的形式,比如有一家集装箱运输公司发现,员工总是无法把新尺寸的集装箱装满。内部审计结果表明,这种集装箱只有45%的概率被满装。虽然公司对工人们进行过多次培训,而且在操作中不断提醒装满的重要性,但工人们还是经常忘记这样做。

在各种方法均告失败之后,管理者突然想到了一个形象直观的好办法,他在每个集装箱内粉刷了一条显眼的"满装线",为工人的操作提供有效的参照物。很快,集装箱的满装率从45%提高到了95%。

提供更好的结果反馈

比尔·盖茨在一次TED演讲中提到,美国学生的阅读水平在全球的排名连前10都没有进,这在很大程度上是由于美国老师缺少有效反馈——超过98%的美国老师的反馈只有一个词:满意。没有具体的评价,学生就很难发现"满意"背后隐藏的问题。没有反馈就没有改进,也就没有优化的可能。

在管理特别是提升点效率的过程中,反馈能起到非常重要的作用。反馈是一种调整输入使系统接近平衡状态的方法,无论是正反馈还是负反馈，都能通过改变输入来影响系统的功能。反馈能促进学习。通过反馈，学习者可以了解自己在学习过程中的强项和弱项，从而更有针对性地学习，提高学习效率。反馈可以帮助人们更好地认识自己的优点和缺点，从而提高自我意识和自我评价。反馈还可以激发人的内在动力，使人们更加积极地参与活动过程，及时调整行为。总的来说，反馈在各个领域都有着重要的作用，它可以帮助个体更好地了解自己的行为和结果，帮助他们调整自己的行为和策略，从而做出更合理的改进。

米苏尔是德国六大非营利性慈善组织之一，是一家从1958年开始致力于资助第三世界的国际援助机构，旨在帮助贫困和受压迫的人们过上更好的生活。根据米苏尔的统计，全世界有1/9的人口，也就是超过8亿人正面临饥饿问题。而在5岁以下的儿童中，每4个就有一个营养不良。对此，他们发起了2欧元捐助项目，因为2欧元就可以为一个秘鲁家庭提供当天的口粮。

但是传统的捐款方式非常单一，程序也比较烦琐，且钱款去向不明晰，很难激起民众的捐助欲望。志愿者菲恩发现人们之所以没有进行捐助，不是因为缺乏同情心或冷漠，而是因为没有一个方便快捷的捐款通道，以及对捐款机制缺乏信任，对钱款的实际用途缺乏感知。所以他下决心要设计一款自助捐款机，通过给捐赠者即时反馈来获得民众持续的捐款。在银行朋友的帮助下，菲恩最终成功设计出一款叫"社会刷卡"的自助刷卡捐款一体机。

这个机器被放在街头、商场、机场等公众多的地方，它就像一块普通的广告牌，屏幕上是一块大大的面包照片。特别之处在于中间有一条奇怪的黑线，其实那里就是刷卡的卡槽。

当人们从上往下刷卡的时候，右边屏幕上的面包也随之掉落，仿佛被信用卡一刀切下，随后被一只瘦弱的手取走。屏幕上会弹出"Thank you for denoting"（谢谢捐赠），仿佛刷卡的人刚为贫困的人们切下了果腹用的面包，然后"听"到了他们的一声"谢谢"。

这种充满创意的捐赠方式既快捷又简单明了，且即时满足了人们的期待，迅速吸引了人们热烈参与。有的大人带着孩子来捐赠，缓慢的动作充满认真和虔诚，一起见证把面包切开的一幕。

当行善的人看到食物被取走，明白自己给远方送去了希望时，他们的疲惫和疑惑一扫而光，脸上立即绽放出欣慰开心的笑容。在打印信用卡支付账单时，银行也会标明这2欧元是用于米苏尔项目的，往常冷冰冰的银行流水上附上了一句温暖的"Misereor says thank you"（米苏尔感谢你）。

通过对即时反馈和事后反馈的改善，这种捐赠方式让人们跨越了地理限制，不约而同地做出了援助行为。它只是应用了一段短短数秒的人机交互视频，却无声地呈现了"项目是什么""你能做什么""你已经做了什么"。

第2层：资源、流程和工具

流程和工具是大家最熟悉的技控手段，也可以说技控思维的形成就是从流程和工具开始的。技控所遵循的管理原则"结构性问题程序化处理"，在行为工程模型的第2层体现得最明显，其实这个原则是在强调做事的规范和规则，而这种规则落实在点效率的提升上，更多是以制度为载体的。

亚马逊有一个非常反常识的做法：不管一款商品卖得有多好，或者一个促销规则有多么成功，只要这款商品或者这个促销规则收到两次以上的同类问题投诉，一线客服人员就有权力直接按下"红灯"键，将这款商品或者这个促销规则直接下架。直到被客户投诉的问题彻底解决，它们才可以重新上架。这就是亚马逊客服的"按灯制度"。

据说这个制度是这么来的：

亚马逊规定，所有员工每两年必须去担任几天客服，包括公司高管以及创始人贝佐斯。有一次，贝佐斯正在客服人员旁边学习如何处理投诉电话，就有用户打进来，说自己购买的草坪家具送来时有破损。客服人员向用户询问产品编号，然后指着网站上的图片对贝佐斯说："我敢打赌，他说的一定是这款草坪躺椅。"果不其然，当用户报出产品编号时，就是这件商品。

贝佐斯很意外："你是怎么知道的？"客服回答说："这款躺椅的包装箱特别薄，而这个用户所在区域的快递商总是野蛮装卸，这两个因素加起来，就让这款躺椅在这个地区的投诉率特别高。"

贝佐斯还在思考中，客服继续说："你看，我已经按照规定动作给用户道歉、换货、赔偿了，但其实没什么用。我相信，当下周用户收到调换的新躺椅时，其一定还会有破损。类似的问题我们反映过很多次，但处理流程很慢，品类经理是按月来排查退货率和投诉率较高的商品的。在这期间，我们一线客服只能看着一个又一个用户被同样的问题困扰，无能为力。"

这番话促使贝佐斯力推按灯制度，授权给一线客服人员：不管某款商品卖得有多火，只要符合按灯规定，就立即下架。亚马逊通过这种方式来倒逼相关人员马上解决问题。

亚马逊中国前副总裁张思宏在《用户经营飞轮》一书里讲道，他亲眼见证过按灯制度的威力。那时他刚刚加入亚马逊，在成都客服中心旁听客服人员接电话。有用户打电话进来投诉当时卖得最火的一本书，说他收到的书第100页和101页连在一起，没有裁剪开。

客服小姑娘在做完补寄一本新书、赠送10元礼品卡等标准操作之后，挂断电话，在商品页点出一个对话框，输入一行字"100页和101页未裁剪开"，而后台显示这个问题已经有用户投诉过。小姑娘继续按了几个键，然后这本月销售额上百万元的爆款图书就瞬间被下架了，没有经过任何请示和批准！

在亚马逊，人们经常会听到一句话："只有良好的意愿没用，建立机制才有用。"

第3层：后果、激励和奖励

在开发岗位级技控措施时，我们常常把行为工程模型的上三层结合在一起使用，通常的顺序是：先改进第1层，以解决做什么的问题，就是确保事情清楚、可做；然后改进第2层，以解决能做的问题，也就是简化事、赋能人；最后改进第3层，以解决愿做的问题，就是培养启动意愿。可做、能做、愿做多措并举，就能降低岗位工作任务对人的能力要求，实现降本增效。

其中，对行为工程模型第3层的改进，不仅要改进奖惩内容本身，还需要在形式和机制的设计上费心思。

提供奖励并警示后果

行为工程模型第3层在本质上是行为强化，即行为被紧随其出现的直接结果加强的过程。当一个行为被加强时，它就更有可能在将来再次出现。

比如，一个孩子在商店里想买自己喜欢的礼物，但是遭到了妈妈的拒绝，这个时候孩子开始哭闹。最后妈妈没有办法，给孩子买了礼物，而孩子停止了哭闹的行为。这个例子中就出现了行为强化——这个孩子将来更有可能在商店里出现哭闹的行为，因为这个行为将带来妈妈给他买礼物的结果。而妈妈也更可能选择给孩子买礼物，因为这样做会让孩子停止哭闹。

强化又分为正强化和负强化。在正强化中，随着行为会出现让人高兴的、当事人想要得到的刺激。在负强化中，随着行为会消除或者避免让人不高兴的、难受的、当事人想要回避的刺激。在上面那个例子中，妈妈买礼物对孩子行为是正强化，而避免孩子哭闹对妈妈行为就是负强化。

当把这种行为强化用于点效率提升时，"后果、激励和奖励"就成了非常有效的技控措施。我们来看一个例子。

有一家医院检查医生的洗手情况，结果发现有多达91%的人不能达到行业规定的标准。为了改变这种现象，帮助医生有效清洁双手，医院管理者开始用邮件和海报等方式每天提醒医生，但是进行了一段时间后发现这并不奏效，很少有医生愿意主动配合。

于是医院决定从改变医生洗手的意愿开始，针对行为工程模型第3层推出了一项技控方案。

医院先派员工在停车场为每个医生发了一瓶清洁剂，然后对使用清洁剂的行为提供物质激励：只要这些医生坚持使用清洁剂，每个人就可以得到一张星巴克咖啡券。调查显示，只凭这一项小小的奖励，整个医院采用关键行为的医生比例就增长到了80%。

在咖啡券将医生的洗手达标率提高到80%之后，在一次医生例会上，流行病专家给每个医生发了一片皮氏培养皿，上面覆盖着一层琼脂培养基。每个医生都要在上面按下自己的手掌印，然后拿到实验室进行细菌培养和拍照。

照片洗出来后，上面的图像让每个人都大吃一惊。这些医生在按手印时全都坚信自己的手非常干净，但是照片上密密麻麻的黑点证明他们其实每天都在向患者传播病菌。现在，医院甚至把一些菌群放大成彩照，当作医生工作电脑的屏保图片，以此警示他们注意医疗卫生。在这之后，通过一些意见领袖的协助，医生的洗手达标率成功提升到近100%。

在这个例子中，奖励起到了正强化的作用，后果起到了负强化的作用。实际上，在工作中，这种"胡萝卜加大棒"的奖惩机制被广泛地应用。

进一步完善机制

把"后果、激励和奖励"作为技控措施时，奖惩的数额很重要，但是可预期的、稳定一致的奖惩机制更重要。历史上秦国之所以能一统天下，与秦军普遍使用更高质量的兵器有一定关系，而秦国能进行这种高水平、高质量的兵器制造，不是因为秦国的工匠有更高的手艺，而是因为秦国建立了完善的质量控制和追责机制。

20世纪80年代，文物工作者在临潼县秦始皇陵一号兵马俑坑中发现了一件残破的铜戈。据考证，这可能是一件秦王嬴政时代的兵器，其上有15个铭文，内容为"三年相邦吕不韦造寺工詟丞义工窎"。

这15个铭文，揭示了秦国军事工业的管理机密。铭文的意思是秦王三年（公元前244年），由相邦"吕不韦"监造，寺工（管理工匠的官职名）"詟"负责，丞（协助管理者的官职名）"义"协助，工匠"窎"制造的戈。

铭文说明了秦国的军工管理制度分为4级，从相邦、寺工、丞到工匠，层层负责，任何一个质量问题都可以通过兵器上刻的名字查到责任人。

这就是当时秦国的"物勒工名"。物勒工名，以考其诚。功有不当，必行其罪，以穷其情。

当时秦国的兵工厂都要求工匠在所造兵器上勒刻名字，作为对兵器质量的担保。而后秦国亦率先实行了工业产品的年度质量抽验制度，以及工业产品所用容器的年审制度，除了要求产品"做工考究，工艺精湛"，还要求生产者在上面刻下自己的姓名。如此，每个铭文背后都是一份沉甸甸的责任。

也正因如此，秦代遗留至今的每一件兵器上，都刻有各级管理者和制作者的姓名；所有兵器工艺的精准度，误差仅为0.02～0.8毫米。这些名字和数据，为大秦帝国打造了战无不胜的军队，帮助其征服了周边所有国家，真实记录着大秦统一的历史密码。

改善工作环境

不仅激励机制会起到行为强化的作用，团队氛围、企业文化和外部环境等都会对人的行为造成影响，所以技控措施的开发可以纳入环境的设置和改造。

犯罪学家凯琳曾注意到一个问题：在她上班的路旁，有一座非常漂亮的大楼。有一天，她发现楼上有一个窗子的玻璃被打破了，那扇破窗与整座大楼的整洁美丽极不协调，显得格外刺眼。又过了一段时间，她惊奇地发现那扇破窗并没有得到及时维修，整座大楼反而又增加了几扇带烂玻璃的窗子……这一发现使她忽有所悟：如果有人打破了一个建筑物的窗户，而这扇窗户又得不到及时维修，那么别人就可能受到某种暗示性的纵容去打烂更多玻璃。久而久之，这些破窗户就给人造成一种无序的感觉。其结果是：在这种麻木不仁的氛围中，犯罪就会滋生。这就是凯琳著名的"破窗理论"。

纽约市警察局长布拉顿受到"破窗理论"的启发，为了改善纽约的治安状况，他决定从修复一扇"破窗"开始。这扇"破窗"就是地铁，因为他发现那些长期逃票的、违反交通规则的、无家可归骂街的、在站台上非法推销的、在墙壁上涂鸦的……所有这些加在一起，使得整个地铁里弥漫着一种无序的空气。他相信，这种无序就是不断上升的抢劫犯罪率的一个关键动因。因为那些偶然犯罪的人，包括一些躁动的青少年，完全把地铁看成可以为所欲为、无法无天的场所。

布拉顿首先选择全力打击逃票，因为每七名逃票嫌疑人中就有一名通缉犯，每二十名逃票嫌疑人中就有一名携带武器。结果，地铁站的犯罪率竟然开始下降，治安大幅好转。

个体的行为是很容易受到环境影响的，古时有孟母择邻的故事，现代也有学区房价格高企的现象。为什么呢？因为人们都知道近朱者赤，近墨者黑的道理。

更深入的研究还发现，在工作中，企业文化和团队氛围可能比客观环境对人行为的影响更大。1924年开始，以哈佛大学的乔治·埃尔顿·梅奥教授为首的研究小组在西方电子公司的霍桑工厂进行了著名的霍桑实验。该实验最初是为了研究改善照明亮度对工人生产力的影响，结果却意外地发现，亮度增加，生产力增加，但亮度逐渐下降，生产力却仍然继续升高。原来，这些工人认为被选出来参与实验，本身就是一种个人的光荣。这种心态又形成整个团队的荣誉感，从而导致"情绪性的连锁反应"。换言之，人们在被关注时会表现更好。

在距霍桑实验40年的1968年，另一位美国心理学家罗伯特·罗森塔尔对一所小学18个班的学生进行了"未来发展趋势测验"。之后，罗森塔尔以赞许的口吻将一份"最有发展前途者"的名单交给了校长和相关老师。其实，罗森塔尔说了一个"谎言"，因为名单上的学生是他随便挑选出来的。8个月后，罗森塔尔和助手对18个班级的学生进行复试，结果奇迹出现了：凡是上了名单的学生，成绩都有了较大的进步，且性格活泼开朗，自信心强，求知欲旺盛，更乐于和别人打交道。后来，人们把像这种由他人（特别是像老师和家长这样的"权威人士"）的期望和热爱而引起的个体行为与期望趋于一致变化的情况，称为"罗森塔尔效应"。

"霍桑效应"和"罗森塔尔效应"尽管侧重点不同，却都揭示了现实中的人都需要别人的关注，在得到别人的关爱、理解和重视时，人的行为会朝着积极的、有利的目标前进，最终达成组织目标。

第15章
流程级技控优化线效率

一件事情的完成是一个过程,这个过程的效率可能会受多个环节、多个岗位甚至多个伙伴共同影响,而整个过程的效率就是线效率。线效率在组织内是流程,在组织间就是产业链。相对于点效率来说,线效率不仅仅是各点效率的简单加总。更关键的是,提高链条上瓶颈要素的效率,会释放出其他要素和环节的效率。另外,同一链条上多个点的效率得到提升,通常还会带来协同效应,从而使整体效率产生革命性的突破。

确立纵向一体化战略

在现代工业体系中,两家企业的竞争已经不仅仅是彼此在经营上的比拼,更是一条产业链与另一条产业链的搏杀,所以通过纵向一体化来提升整条产业链的效率已经成为很多企业的战略选择。与过去完全控制的纵向一体化不同,现在的纵向一体化通常融合了联盟的形式,这种形式的一体化更像是一个利益共同体,操作起来也更灵活。

食品供应链的上下游企业,是一荣俱荣、一损俱损的"连坐"关系。对食品企业来说,确保供应链质量是生死攸关的大事。

食品企业怎样才能解决这个问题呢?答案是通过不断深化供应链管理来升级。

第一阶段,向委托加工工厂派驻品控管理人员。比如,洽洽瓜子就驻厂控制煮瓜子供应商的品控标准,并且细化到瓜子蒸煮后的干燥温度、香精浓度、酸值、过氧化值等指标。

第二阶段,自建原料基地。在这一点上,最积极的是饮料业和乳业,因为原材料品质的波动会对产品口感产生直接影响。比如星巴克,在云南开设了自己的咖啡种植园和工厂。还有喜茶和奈雪的茶这两家新式茶饮,也开始自建茶园。

第三阶段,进入农业产业的前端——种子行业。种子就是农业的芯片。在过去100年里,世界农业的生产效率之所以能提升,有60%要归功于种子技术的突破。进军种业的一个代表性行业是酒业。酒业是和原料联系最紧密的行业之一,酒类产品的风味在很大程度上取决于作为原料的粮食。比如,为保证纯正的酱香味,茅台必须使用只在茅台镇当地生长的一种红缨子高粱。茅台有将近100万亩的专用高粱基地。最近,茅台又成立了一家农业科技公司,名字就叫红缨子,专门研发和改良红缨子高粱种子。

除了茅台,新兴白酒品牌江小白也在把自己的业务向种业延伸,正在和重庆农科院等科研院所合作,进行高粱的品种培育工作。江小白CEO陶石泉认为江小白的成功是依靠不同阶段的三场战役:"前段战场在消费品领域,是一场全新的品牌侧翼战;中段战场属于轻工业,是产能和规模的闪电战;下段战场在农业板块,是隐蔽在产业链上游的持久战。"

像白酒、新式茶饮这样的新消费企业，它们都不约而同悟到一个真理：起势靠流量，成事靠供应链。

建设供应链能力

提升线效率的关键是打通上下游。当纵向一体化战略确定后，要解决的关键问题就是打造强大又高效的供应链。

拼多多的成功吸引了一大批跟随者，其中就有腾讯旗下的一个购物程序"小鹅拼拼"。因为拼多多是背靠微信流量池，凭借"是兄弟就砍我一刀"的社交裂变起家的，所以腾讯认为亲自下场，在自己的流量池里搞社交电商，应该很容易建立优势。

一开始，小鹅拼拼几乎全盘复刻拼多多的拼团模式；后来，小鹅拼拼又瞄准微信群的私域流量，推出了"群小店"，一个微信群的群友一起买，可以获得买返红包；之后，小鹅拼拼又推出了"种草号"功能，尝试种草带货模式。

总之，小鹅拼拼是把拼团、私域流量、种草等电商模式全部试了一遍，不能说不努力。而且，腾讯是真舍得往里投钱，小鹅拼拼早期的补贴额度甚至超过了商品本身的价格，有买家说"薅羊毛都薅得有些不好意思了"。

但是，小鹅拼拼上线两年，还是没能跑出来，最终认输下架。

为什么出身名门的小鹅拼拼干不过野路子的拼多多？媒体对此进行了各种各样的分析，说的最多的一句话是："腾讯没有电商基因。"

其实，拼多多创始人黄峥谈论过腾讯做电商失败的原因。他说腾讯理解的电商，是纯流量逻辑，也就是：流量×转化率＝商品交易额。腾讯拥有全中国最大的流量池，投资了一堆垂直电商，如果按照这个逻辑，腾讯电商早成功了。其实，比流量逻辑更重要的是供应链逻辑。对供应链体系的把控、对商家和品牌的运营规则、对物流仓储体系的建设等，这些才是做电商的底层硬功夫。所谓"腾讯没有电商基因"，其实是在说，腾讯只有前端的流量，却不重视后端的供应链建设，这是致命缺陷。

而拼多多绝对不是我们以为的单靠"砍一刀"和下沉市场获胜，它是从一开始就深刻理解了供应链逻辑的高手。拼多多刚起步时，领投拼多多的就有淘宝网的前任总裁孙彤宇和顺丰创始人王卫，可见物流体系是从一开始就被拼多多考虑在内的。而在供应商方面，拼多多吸引了一大批淘宝系商家，因为这批商家在淘系电商中是"沉默的大多数"，是被忽略的一群人，而拼多多给了他们急需的曝光度和流量。

对于那些价廉物美、具备爆款属性的单品，拼多多可以把流量一次拉满，这天然就是白牌商品的主战场。可以说，是中国庞大而高效的白牌工厂和中小卖家群体，手把手把拼多多推上了今天的位置。

小鹅拼拼虽然对标的是拼多多，但主要还是在流量端发力，在供应端走的并不是拼多多的白牌策略。后期小鹅拼拼转向了潮玩、盲盒，更是离拼多多模式越来越远。所以，打败小鹅拼拼，拼多多凭借的不是流量端的点效率，而是打通供应链后形成的线效率。

以用户目标为核心整合流程

提升线效率需要对流程进行梳理，就像在一团乱麻中找到线头，然后把流程按一个目的理顺，既要按照任务发生的先后排序，也要处理相冲突的情况，统筹安排。

在《创新者的任务》中，作者克莱顿·克里斯坦森描述了他在梅奥诊所看病的经历。

由于在其他医院始终找不出病因，克里斯坦森被转到梅奥诊所接受为期一周的专家检查。他过后感慨道："梅奥诊所提供了完美的整合体验，帮助我克服了完成任务的种种障碍，这是我多年来在其他的医疗机构看病时从未体验过的。"

与其他传统医院不同的是，梅奥诊所会指派专人负责整个流程。患者就诊时可能出现的任何焦虑（例如"今天能看到医生吗？""复查要不要等两个月？""我的保险有涵盖额外的检查吗？"），流程负责人都会提前帮患者解决。

例如，流程负责人会思考这次检查可能牵涉哪些医疗专家，谁可能提出最好的洞见，以及患者可能以什么顺序跟医生见面。流程负责人会帮患者约好所有的就诊时间（有时是实时安排），以便让患者去一趟医院就能接触到每位该帮他看病的医生。流程负责人也会决定患者看哪几位医生，并准备患者的就诊数据，考虑需要哪些医生一起会诊等。他要确保患者当天在梅奥诊所里能完成所有的就医流程，比如患者下午两点要去某个医生那里就诊，那么其上午的核磁共振检查必须11点半以前完成。

表面上看，梅奥诊所也像其他的医疗机构一样按照科室来区分，但实际上，它建构组织的主要原则是流程，以便让正确的事情按照正确的顺序来完成。正是因为以用户目标为核心整合了流程，所以梅奥诊所让用户获得了完美的体验。

提升分工协同的水平

一条健康的产业链，既要有实力强大的链主，也不能有薄弱的环节。整个产业链的效率更依赖各成员的协调配合。

乐高是世界上最大的组装型玩具品牌，而中国是最大的玩具市场。为什么在过去一直没有中国玩具厂去造乐高积木呢，特别是在乐高的基础元器件早就过了专利保护期，任何厂家都可以造的情况下？

原因是中国玩具厂以前的制造精度不够，比如模具精度、注塑精度等达不到要求，想造也造不出来。造成这个困局的原因是，以前中国玩具制造行业有产业却没有链。

一个行业要想往尖端发展，就需要形成一个完备的产业链。只有先把制造水准提上来，才能谈品牌。但玩具行业有大量的中小企业，每个企业都是从设计、制造到销售，这就把产品锁死在一个低水平制造的循环里，很难做出高端品牌。

解决办法是先让这个各自为战的行业变成一个有分工的产业链，然后集中整个行业的力量，在某一个环节做出头部企业。当年芯片行业就是这么做的。首先，芯片公司把制造环节外包，交给一家特定的公司。其次，这家公司集中精力，每年把多数利润放在升级技术上。最后，因为芯片行业的原件有很强的通用性，所以这家公司的水准上去了，整个芯片行业都受益。这就是电子制造业的升级模式。

玩具行业缺少的不是乐高这样的品牌，而是高端代工厂。现在，澄海有一个叫高得斯精密的工厂，用的是高精密设备，24小时不停工，目前已经有不少玩具厂把它作为代工厂。同时，高得斯精密的利润，也将主要用来升级设备，扩大产能。

代工外包后，玩具厂商就可以集中精力做设计、做渠道、做IP。中国本土的玩具厂商更懂中国消费者，因此在设计上有天然优势。这么一来，就会导致3个结果：第一，分工更细，每个环节都有专门的企业做，从而把产品做得更精；第二，因为专业分工，产生规模效应，成本也能降下来；第三，整个产业链的协同效应出现了，一个玩具厂无法跟乐高竞争，但整个玩具产业链却可以跟乐高一搏。

从玩具产业的发展过程中我们发现，一个行业要想整体发展起来，就必须得在一项或者几项技术上先做到行业头部。先有头部技术打底，再把上下游的协作企业接入，整个行业才能发展得更快。

只有摆脱每家企业都小而全的状况，建立起分工体系，形成完整的产业链，并且不断提升协同能力，依靠线效率的优势，一个行业才能具备真正的竞争力。

追踪可评测的指标

通过升级流程级技控来优化线效率是一个持续的过程，企业要以目标为牵引，创建流程、梳理流程、优化流程，建立一套可评测的指标体系，坚持不懈地对改进效果进行追踪，以保证所有的措施真正落地。

"能评测，就能做得到。"从一开始，亚马逊就专心锁定三个用户目标，即多元化的商品、低价、迅速到货，并设计了相关的流程。这些流程包括追踪及评测亚马逊达成这三个以分钟计时的目标的时间，最终的目标是圆满完成用户的任务，而这一切都是从终极目标往回看的。

在亚马逊的每一个商品网页上，你都可以看到类似这样的句子："在2小时32分钟内下单，周二以前就能收到这款产品。"为了做到这一点，亚马逊设计了数百个流程。顾客点下"结账"按钮时，就会触发一连串的流程，这些流程会一路延伸到捡货配送中心或卖家。接着，亚马逊会追踪及评测到货的时间是否符合承诺。流程就像是组织的潜意识，每天管理着数千种分散的活动、决策和互动，在组织远离用户目标时有策略地运行。

第16章
系统级技控增强组织竞争力

要快速地解决一个局部问题，可以通过岗位级技控来提升点效率；要想长期、稳定地解决一个结构化问题，最好在流程上想办法；而要解决一个复杂问题，就要建构一套系统。

所谓系统，就是由各个部分组成的整体，各个部分会以不同的结构关系组合起来，同时作为整体又有一个共同的目的。在系统思维中，最关键的不是系统中不同的组成部分，而是各个部分之间的关系。

每个系统都有其自身的结构，而结构会决定整体的功能，所以我们要解决系统性的问题，就需要从整体入手，通过对系统的结构和元素之间关系的探索来理解、分析和解决问题。

小公司的灵活打不过大公司的系统

2023年6月13日，理想汽车CEO李想在微博上发文：

2022年三季度，问界M7的发布和操盘，直接把理想ONE打残了，我们从来没遇到过这么强的对手，很长一段时间我们毫无还手之力。HW的超强能力直接让理想ONE的销售崩盘、提前停产，一个季度就亏损了十几亿，团队都被打残了，我根本就睡不着觉，我们能力实在太差，面对人家很基础的出招就崩溃了，更造成大量奋斗在一线的产品专家离职。

李想亲口描绘的这次遭遇战，让大家对华为的战斗力有了直观的认识。理想汽车该怎么办呢？他们直接就采取了行动：

很快，我们就在2022年9月底的雁栖湖战略会上达成一个重要的共识，全面学习HW，学习最先进的企业，且尽快升级为矩阵型组织，能够打阵地战，彻底告别游击战。

我们管理团队买的HW的公开书籍，每个人都不低于十本，我们惊奇地发现，我们在产品研发、销售服务、供应制造、组织财经等方面遇到的痛不欲生的问题，人家十几年前就解决了，甚至二十年前就解决了。学！学！学！

那么理想要向华为学什么呢？学系统。其实这个过程就像1998年华为向IBM学习过程的重演。

华为内部一直提倡流程化的管理方式，即用流程把重复的、简单的、大量的工作模板化，建立对应的三个系统，即IPD（集成产品开发）、LTC（线索到现金）、ITR（问题到解决）。

简单地说，每家公司都有三件大事：

第一件，把产品开发出来，通过把握市场需求，形成产品概念，开发成型，直到面市；

第二件，把产品变现，寻找客户购买，形成订单，然后发货、安装、验收、回款；

第三件，及时解决客户遇到的问题，实时响应，分析原因，妥善处理，然后关闭。

这三件事情对应三大业务流，而三大业务流有起始终止，对应三个系统：IPD、LTC、ITR。

系统对于华为意味着什么？华为前常务副总裁费敏曾在华为大学高级管理研讨班上针对以"企业管理的目标是流程化组织建设"为题的讨论做了一个长点评，华为以电邮文件的方式予以发布。任正非特意写了按语：

1. 应该作为华为大学的教材；
2. 每位专家干部都要读一遍；
3. 想进步的管理者要多读几遍。

在这个点评中，费敏说："最顶级的管理是建系统。"

比如IPD的作用，华为有5万人搞研发，在没有IPD的时候，大家靠发文的方式来沟通和管理。如果发文也解决不了，就成立一个项目组，再不行就变成一个部门。然后部门越搞越多，再重新调整，循环往复……

费敏说："以前我们各个都是武工队，（仗）打得很漂亮。因为业务小，虽没有流程，但自然而然沿着这个天然的业务流（订发收回）走，也很通畅，响应快是我们的强项，我们要保持。现在15万人了，覆盖范围大了，全球了，海量了，产品线宽了，交付形式多样化了，必须有流程。原来是武工队，是快的。但是这种快，可复制吗？可成长吗？它能线性增加得上去吗？比如，小舢板不可能线性地变大为驱逐舰，驱逐舰也不会叠加成航母。任何公司都想发挥大公司的优势，保持小公司的高效。流程真的会使公司长得很大，但是像小公司一样健美。"

理想向华为学会了建系统之后，迅速脱颖而出，2023年交出了一份十分亮眼的成绩单。多家造车新势力公布的2023年全年成绩单显示，理想汽车以37.6万辆稳拿第一，远超第二位蔚来的16万辆，且同比增速达到了184.6%，远超行业均值。[①]不论从业绩还是管理来看，理想汽车都跨越了从小公司向大公司转变的门槛。

建系统相当于由报时人变成造钟者

对于组织来说，造钟比报时重要。

在1787年的制宪会议上，美国的建国先贤讨论的不是"谁应该当总统？谁应该领导我们？"，而是"我们应该创建什么样的程序，使国家在我们身后仍然能拥有很多优秀的总统？我们希望建立哪一种长治久安的国家？要靠什么原则来建国？国家应该如何运作？我们应该制定什么指导方针和机制，以便创造我们梦想的国家？"。

柯林斯在《基业长青》中描述了两种领导者：拥有一个伟大的构想，或身为高瞻远瞩的魅力型领袖，好比是"报时"；建立一家公司，使公司在任何一位领袖身后很久、经历许多次产品生命周期仍然欣欣向

[①] 资料来源：https://baijiahao.baidu.com/s?id=1786896456978623000&wfr=spider&for=pc。

荣，好比是"造钟"。研究发现，长盛不衰的卓越企业的缔造者会完成从报时到造钟的转变。

沃尔玛的创始人山姆·沃尔顿是造钟的大师。沃尔顿把一生大部分的时间都花在努力建立和发展沃尔玛的组织调整能力上，他在《美国制造》一书里写道：我从来没有从事过短期的工作，我总是希望尽我所能建立一个完美的零售组织。

沃尔顿致力于创造一个能够自行进化和变革的组织，他制定组织机制，刺激变革和进步。沃尔顿运用"店中店"的理念，授予部门经理经营各自部门的权威和自由；对于那些有助于节省成本、加强服务，可供其他商店效仿的同人，他实行现金奖励和公开褒扬的制度；他以"量产项目竞赛"鼓励同人进行创造性的尝试；对于想出新构想使整个公司获益的员工，他用分红和员工持股作为直接的奖励。员工想出的点子和构想都刊登在沃尔玛的内部杂志里，沃尔玛甚至斥资设置卫星通信系统，"好把所有细节尽快传布到全公司各处"。

迪士尼公司的创始人沃尔特·迪士尼同样是一位造钟者。迪士尼一生都在发展自己的公司和公司的能力。迪士尼死前最后一天还在医院里极力思考如何用最好的方式，开发在佛罗里达州的迪士尼世界。他本人终究会死亡，但是迪士尼公司使大家快乐、为儿童带来欢乐、创造欢笑和泪水的能力永远不会死亡。20世纪20年代末期，他付给创作人员的报酬比自己领的薪水还高。30年代初期，他为所有动画人员设立了艺术班，在现场布置一个小动物园，提供活生生的动物，协助他们改善画动物的能力；他还开发了新的动画小组程序（例如故事板），而且在最先进的动画科技上继续投资。30年代末期，他慷慨地设置卡通产业第一项奖金制度，以便吸引和奖励优秀的人才。50年代，他制订"你创造快乐"的员工培训计划，并且在60年代成立迪士尼大学，指引、培训和教导迪士尼的员工。迪士尼创造出一个远远超越自我的机构，创造出一个在他逝世后数十年，仍然能够在迪士尼乐园里为孩子们表演"迪士尼魔术"的机构。

而迪士尼的对手，哥伦比亚电影公司的哈利·科恩却更像一个报时人。科恩最关心的是成为电影大亨，在好莱坞发挥庞大的个人力量（他是好莱坞同时得到总裁和制片人头衔的第一人）。对于在他身后可能存续的哥伦比亚电影公司的特质和形象，他很少关心，甚至毫不在意。科恩以个人的目的推动哥伦比亚电影公司前进了很多年，但是，这种自我中心理念在创办人死后便不可能再指导和激励公司。科恩去世后，哥伦比亚电影公司立刻陷入散漫无章的状态，在1973年被依法强行收回，之后卖给了可口可乐公司。

系统是可复制扩张的基础

可复制扩张要先找到成功的样本，然后再复制这个样本。而在打造成功样本这个过程中，开发系统级技控措施是核心任务，因为系统才是之后可复制扩张的基础。

在餐饮行业里，衡量一个连锁品牌规模最直接的标准就是门店过万。放眼全世界，麦当劳、赛百味、星巴克、肯德基4家连锁餐饮品牌的门店数位列全球前四，而排名第五的是中国的蜜雪冰城。截至2022年，我国有蜜雪冰城、华莱士、绝味鸭脖和正新鸡排4个品牌达到万店规模。

中餐连锁化经营曾经面临很多系统性问题。首先是环节多，中国菜食材丰富，做工繁杂，地方口味的差异又大，一旦要标准化，对供应链和门店运营都是不小的考验。

其次是餐饮习惯问题，西式快餐的用餐时间比较短，翻台率高。作为中式直营连锁品牌的样本，海底捞的翻台率维持在每天5次。其他同类火锅品牌由于营业时间等因素，一般还达不到海底捞的翻台率，所以近年来门店接连萎缩。

最后，中餐的非标化经常造成食品安全危机。网红食品的流量来得快，去得也快。此外，相对不高的经营门槛，也让大部分连锁品牌很难建立自己的技术壁垒。

然而2012年之后，以正新鸡排、绝味鸭脖为代表的小吃品类，还有蜜雪冰城、喜茶等新式茶饮以及老乡鸡等中式小吃快餐逐步找到自己的连锁模式，迅速做大了规模。其中的秘密是什么呢？答案是建立了一套新型的供应链系统，通过"极致性价比"来形成成本领先的竞争力。

成立于2011年的华莱士目前门店数已突破20 000家，其创始人是温州人华怀余、华怀庆兄弟，他们创造了一种非常经济的经营方式。华莱士的大部分门店不是采用传统收加盟费的方式扩张的，而是由店长、店员以及华莱士公司共同持有股份。华莱士赚的其实是原材料的钱，并没有直接收割加盟费。华莱士建立了高效的供应系统，从食品原材料到门店装修材料甚至餐巾纸都集中统一采购，通过大规模采购降低价格。

从压缩成本和急速扩张双措并举这个角度来看，蜜雪冰城的扩张速度更惊人。仅仅用了一年时间，蜜雪冰城就开了10 000家门店，这种扩张模式甚至被直接复制到了海外市场。但是从1997年河南郑州的一家刨冰店开始，蜜雪冰城用26年才走到了今天。如果要分析它的连锁餐饮发展模式的话，首先便是亲戚加盟模式，据说蜜雪冰城一开始的门店，都是由创始人张红超老家的亲戚开的，这就导致了它不可能去收割加盟商的钱。与华莱士类似，蜜雪冰城也是依靠卖原材料来赚钱，但是和华莱士的集中大规模采购不同，蜜雪冰城完全做到了自产自销，每家门店的各种原材料其实都来自蜜雪冰城自己的工厂，甚至柠檬水所用的柠檬都来自四川安岳蜜雪冰城的种植基地。所以即使让蜜雪冰城的加盟商自己选择原材料供应商，大概90%以上的人还是会选择蜜雪冰城，原因是行业内应该没有比蜜雪冰城提供的原材料价格更低的了。而蜜雪冰城也是在自产自销的系统建好之后，才有能力快速扩张的。

正新鸡排和绝味鸭脖的门店数爆发，不仅因为原材料集中采购，还因为采取了降低SKU（最小存货单位）的方式控制成本。此外，正新鸡排还拥有自己的物流公司——圆规物流，进一步降低了经营成本。正新鸡排有4 000个直营店、16 000个加盟店，加起来是2万家店。如果一家店一天消耗100只鸡，意味着它的整个供应链一天要消耗200万只鸡。所以正新鸡排背后的这个供应链，是一个可以左右整个中国鸡肉价格的供应链，其一年的利润是几十个亿。看前端你会觉得正新鸡排做得很一般，口味、包装、店面都不是很突出，但是在后端，正新鸡排建设了一天能够供应200万只鸡的稳定供应能力，这种系统能力才是它不可战胜之处。

可见，不同企业特点不同，自身禀赋不同，所建立的系统也不同，但无论是哪种系统，都必须以能够支撑大规模扩张为前提。

将多个流程整合成一个系统

西贝餐饮的董事长贾国龙说，做餐饮做到一定程度，会有两个梦想：一个是正餐做个米其林餐厅，另一个是快餐做成麦当劳。但做快餐比做正餐的难度更大，因为它考验的不是单店能力，而是系统能力，它考验的完全是后台的能力、供应链的能力。

贾国龙说："麦当劳这个组织，它率先创造了厨房的小流水线加工模式。最厉害的是什么？它把全世界最便宜的肉，5块钱一斤的白羽鸡，变成了它的食材。把全世界最便宜的粮食土豆，变成薯条。关键消费者还认，觉得薯条很洋气。麦当劳还通常是年轻人的第一份工作，它反复强调我们喜欢年轻人，希望大学生都去麦当劳打工，按小时给你付工资。它的人工成本只占到总成本的20%。在中餐馆中，人员成本低于30%的很少。这是它的模式决定的，最便宜的肉，最便宜的粮食，最便宜的人工成本，最高的效率。"

麦当劳是全球最大的连锁快餐企业，这是麦当劳对商业环境的成功复制，更重要的是其供应链体系的成功运作。庞大的供应链体系井然有序地运作，打造了一个共赢的供应链条。

商流

在商流上，由于麦当劳的核心产品基本为预加工产品，SKU大致稳定在200款左右，因此流转体系高度简化，产地和销地分销两大环节被压缩。肉类、蔬菜、面包直接来自一级供应商和少量二级加工商。其中肉类的一级供应商包括圣农发展、嘉吉、铭基、荷美尔等食品加工厂和食品农业一体化供应商。

物流

在物流上，为满足麦当劳需求创立的夏晖公司自20世纪70年代起一直与麦当劳保持稳定合作关系。在中国，目前新夏晖（2018年8月顺丰控股夏晖集团）的物流网络在全国23个城市共建设38个物流中心，平均每个大仓面积1万多平方米（含冷冻/冷餐/预冷/恒温）；建设干线支线等物流配送线路2 000多条，累计覆盖500多个城市，可以做到货品两天内准确送达。

门店管控

在门店管控上，麦当劳建立严格的管理模式和独特的利益分配方式，确保加盟门店提供的产品和服务与直营门店的一致性。在加盟招商上，公司仅允许个人加盟商加盟，且必须亲自投入门店日常运营，不得同时参与其他商业活动，此外还需接受1年培训。在利益分配上，除了初期加盟费投入，公司从加盟商处主要收取租金（预计占收入的5%～10%）和运营费用（目前为收入的4%），并不在物料采购等环节获取收入。

采购

麦当劳所有的采购工作都是由与其合作的"配销系统"负责，麦当劳本身不涉及采购工作，而是负责管理所有供应商以及配销中心。配销过程牵涉了资金流、物流以及资讯流三大部分。在麦当劳的配销中心，仅是物料的取得便已十分繁杂，其过程包括本地供应商产品以及进口物料的整合、品质检定、储货（又分为干货、冷藏品以及冷冻品）以及储货顺序（先到的货必须先出货以保新鲜）、订单管理、载运送货（其中牵涉如何设计路线图，以最短的公里数、最少的耗油量来运送，在提升运输效率的同时又必须考量店内仓储空间以及实际运送状况等），而后才是送到各中心并加工成为顾客手中新鲜美味的食品。

设计供应链管理体系

供应链管理所起到的作用主要有两个，一个是控制，一个是协调：通过流程、绩效来控制供应链的交付；通过协调机制来增强供应链的协同，降低成本，满足客户个性化需求。当然，在控制和协调之前，企业需要考虑供应链的整体设计，基于战略和公司实际情况来设计适合自己的供应链蓝图。

简单地说，供应链管理的目的是用总成本最小的方式将顾客所需的正确的产品，在正确的时间，按照正确的数量、质量和状态送到正确的地点。如果用四个字形容的话，就是多快好省，即更多的品类、服务和数量，更快的交付效率，更好的质量，更省的总成本。

麦当劳之所以能成为全球最大的跨国连锁快餐企业，很大程度上是依赖于其强大且严谨的供应链体系，而这个体系是整合了众多关键流程和合作伙伴后形成的。

系统通过持续的进化来不断提升效率

系统一旦建立起来，就仿佛有了自己的生命，会随着时代的发展和技术的进步不断进化，而每一次大的进化都会革命性地提高系统效率，比如汽车生产制造方式就一直在不断地进化。

奔驰用手工作坊开创汽车制造时代

1885年，卡尔·本茨研制成功三轮汽车，次年被批准专利，现代汽车由此诞生。1887年，世界上第一辆现代汽车被销售，卡尔·本茨成立了世界上第一家汽车制造公司——奔驰汽车公司，由此，汽车制造产业拉开了序幕。

福特首创大规模流水线生产方式

福特汽车1903年成立于美国，1908年推出T型车。1913年，福特首次创立汽车装配流水线，提高生产效率，每隔10秒钟就有一台T型车驶下生产线，生产的汽车占世界总产量的56.6%；同时大幅降低了汽车的生产成本，到1924年降低为1908年的31%左右，产量提升至200万辆。

通用建立大规模多产品制造方式和事业部制管理方式

通用汽车1908年成立于美国，旗下有别克、雪佛兰、凯迪拉克、道朗格及霍顿等一系列品牌。1916年，第二任总裁阿尔弗雷德·斯隆以集中管理与分散经营二者之间的协调为基础，第一次提出了事业部制的概念，将管理部门分成参谋部和前线工作部，创造多部门的结构，同时开发各个价位的不同产品，确保竞争的全面性。

通用汽车公司采取了与福特截然不同的商业发展理念，提出了双向延伸策略：第一，"生产适应每一种追求目的的车"，提供更广泛的系列车型，嵌入细分市场，满足不同消费倾向人群的多元个性化需要；第二，持续迭代，把技术进步、舒适度改进和流行款式变化结合起来，从而持续推出改进车型。通用汽车以持续迭代的新车型刺激替代性消费需求，从而增加销售额。

1931年，通用汽车成为世界上最大的汽车制造商。到1941年，该公司生产的汽车占美国汽车总产量的44%，成为世界上最大的工业公司之一。

丰田开创准时制生产方式

1953年，日本丰田公司的副总裁大野耐一综合了单件生产和批量生产的特点和优点，创造了一种在多品种小批量混合生产条件下高质量、低消耗的生产方式即准时制生产。

准时制生产方式又被称为精益生产，其基本思想是"只在需要的时候，按需要的量，生产所需的产品"，也就是追求一种无库存或库存达到最小的生产系统。

特斯拉建立全自动化超级工厂

截至2023年，特斯拉在中国上海、美国内华达州、美国纽约和德国柏林建设了四大"超级工厂"，每座超级工厂几乎都能够完成从原材料到成品的全部生产过程，其四大制造环节——冲压生产线、车身中心、烤漆中心和组装中心都有不少于150台机器人参与工作。

这四座超级工厂的产能都在50万辆这个量级，按照马斯克的规划，到2030年，特斯拉要实现年产2 000万辆的目标，拿下全球汽车市场20%的份额。

在传统汽车生产中，最复杂、最耗时的环节就是零部件装配，一辆普通的燃油轿车包含1万多个独立零件，这意味着每辆车需要1万多次装配操作。汽车行业的两次大变革，也就是福特发明流水线和丰田发明精益生产方式，都是在围绕优化汽车装配环节做文章。

而特斯拉的思路是：与其想方设法缩短装配环节，能不能干脆取消装配环节？所以特斯拉开始探索一体化压铸技术，也就是不再单独造零件，而是用大吨位的压铸机直接造出车身的几块压铸件，然后组装成一辆汽车。比如，老车型Model 3的后车身有70多个零件，需要用2小时组装，现在使用一体化压铸技术后，45秒就能完成铸造生产。

可以看到，汽车行业又一个确定性的趋势正在发生。一体化压铸技术有可能成为继福特流水线和丰田精益生产方式之后，汽车行业的又一次制造革命。

第17章
生态级技控构建产业优势

系统继续升级就会形成生态。生态系统是由生物群落及其生存环境共同组成的动态平衡系统。生态指一切生物的生存状态，以及生物之间和生物与环境之间环环相扣的关系，在这里借指多个子系统和环境共同组成的整体。

生态级技控不仅要优化组织自身这个封闭的系统，还要考虑组织与其他组织、组织与赖以生存的环境以及环境的各种条件相互影响后的整体改善方案，并且以提升总体效率为目标。

生态系统的整体性

小说《狼图腾》中有一段情节，讲的是草原上有一些人认为，狼是草原人的天敌，给人类造成了很多损失和麻烦，要想过上好日子，就必须把狼消灭掉。他们开始大规模地打狼，甚至还挖狼窝，把刚刚出生的小狼崽也消灭掉了。他们以为把狼消灭干净，就能够过上舒坦安稳的日子，可接下来发生的事情出乎了他们的意料。

草原上先是发生了兔灾。兔子繁殖速度很快，数量增长迅速，一方面它们会跟羊抢草吃，另一方面兔子窝很隐蔽，在牧羊人牵着马或者骑着马通过的时候，马踩到兔子窝就会骨折，而骨折的马没用了就只能被杀掉。

后来是獭灾。旱獭的数量呈几何级增长，它们会把大量的草弄到洞里过冬保暖。然后大量蚊子就会钻进旱獭的洞里，蚊子也呈几何级增长，结果又造成了蚊灾，很多马因为被蚊子吸干了血而倒下。

这还只是灾难的开始。由于人们富余的时间多了，生活清闲了，原来白天放羊、晚上看羊圈的生活方式改变了，结果在短短几年，草原人口迅速增加。人口增加导致畜牧业不足以养活当地人，他们就开始了农耕，开拓草原土地来耕种，以养活更多的人。但是，草原土层薄，冬天风很大，土地很快沙化，草原人只好不断开荒，以至于后来沙化的草原越来越多。

到了这个时候，人们才明白狼没了，草原的生态系统也崩溃了。

在一个生态系统中，生物与环境构成了统一整体。在这个统一整体中，生物与环境相互影响、相互制约，并在一定时期内处于相对稳定的动态平衡状态。

生物学所说的生态系统由非生物的物质和能量、生产者、消费者、分解者等多个要素组成，其中，无机环境是一个生态系统的基础，其条件的好坏直接决定生态系统的复杂程度和其中生物群落的丰富度；生物群落反作用于无机环境，生物群落在生态系统中既在适应环境，也在改变着周边环境的面貌，各种基础物质将生物群落与无机环境紧密联系在一起。生态系统各个部分的紧密联系，使生态系统成为具有一定功能的、不可分割的有机整体。

在社会学、经济学和管理学中，为了研究组织与环境之间的关系，生物学中的生态系统概念被借用，比如一个产业就可以被视为一个生态系统。

理解生态系统的限制性条件

就像孵小鸡要把温度控制在37.3～38.5℃一样，在一个生态系统内，生物群落的演替受到生态系统周期性变化的影响和限制。

在中国古代，曾经存在着两种无论生活方式还是宗教信仰都截然不同的文明——长城以南的农耕文明和长城以北的游牧文明。不同的生活和认知方式导致了长城以北的游牧民族和长城以南的农耕民族长达数百年的冲突和鏖战，我们今天的社会在很大程度上就是这两种文明长期冲突与融合的结果。

今天我们发现长城是十分有规律地沿着一条地理学上的400毫米等雨量线的位置修筑的。这条东北高、西南低的等雨量线，实际上正是我国暖温带与中温带、半干旱地区与干旱地区、平原丘陵与荒漠草原等的一条自然分界线。分界线的东南部受太平洋及印度洋的季风影响，年降水量超过400毫米，而分界线以北则由于受季风影响较少，降雨量稀少。这条分界线以南成为华夏民族传统意义上的农耕区域，以北则是游牧及牧业生产的传统区域。

这种地理格局使分界线两边聚居了适应当地自然条件而生存、生产的两大类生活方式不同的民族。农耕区域内，耕者有其田，群居村落，男耕田女织布，日出而作，日落而息，过着相对稳定而有序的生活。与此相反，游牧区域的游牧者则过着"逐水草而居"的迁徙生活，在马背上游荡四方。

理想状态下，农耕民族与游牧民族应该井水不犯河水，长期共存。但事实上，无论怎样改朝换代，农耕民族和游牧民族的纷争都从来没有停止过。这又是为什么呢？

因为每到小冰河期，气温会大幅下降，降雨量骤降，400毫米等雨量线就会南移，这导致草原过于寒冷而无法放牧，游牧民族就会向南进攻农耕民族。而由于农耕面积减少，农耕区的社会也开始动荡甚至分裂。

随着小冰河期结束，气温回升，农耕区的农耕面积恢复，粮食产量增加，这导致人口增加，进而导致税基和兵源增多，国家又再次统一和强盛起来。

而这一切变化，甚至历史上的王朝兴衰，本质上都是生态自然演化的结果。生态系统的伟力如果能加以有效利用，便是更高水平的技控。

把一个点扩展为生态系统

生态的形成往往始于一个很小的点。

很多人不知道，其实全国复印店的生意几乎都被湖南新化人把持着。目前，新化人在全国开设了6万多家文印店、2 000多家耗材经营企业、3 000多家复印机再制造企业，年产值达上千亿元。

为什么这个生意既无资金门槛也无技术壁垒，全国各地的人却都干不过新化人呢？我们只有回到这个生态形成的过程中才能找到答案。

最初，只是几个新化人机缘巧合之下学会了打字机和复印机的维修技术，带着一帮老乡一起干。到了1990年代，新化人就形成了一支遍布全国的流动维修打字机、复印机的队伍。

后来,他们慢慢地开始做起回收二手复印机的生意。回收来的复印机经维修翻新后,转手一卖,利润比光赚修理费高得多。但那时候,只有大型企业和机关单位才有复印机,流到市面上的二手复印机并不多,二手复印机的生意也就做不大。

再后来他们发现,有一帮台湾人在从美国和日本大量回收二手复印机并运到广州,拆掉后当废品卖。新化人就赶紧找到那帮台湾人,说你们不用拆了,二手复印机你们有多少我们要多少。这样,新化人和台湾人合作,掌握了一个主要的二手复印机收购渠道。

于是,新化人用二手复印机开起了复印店。在新化人开店之前,一台复印机要十几万元,这导致每次复印的成本非常高,每复印一页要5毛到1块钱。而新化人开店以后,居然把复印价格降到了一页1毛钱,其他人当然无法跟他们竞争。

我们只是看到了新化人把持全国复印店生意这个结果,实际上,他们真正成功的原因是慢慢地形成了一种生态。

为产业建立生态护城河

说到制造业的生态系统,大家通常会想到苹果生态、小米生态或特斯拉生态这种高端制造的例子,其实,在人们普遍认为的低端制造业中,由于追求极致效率,产业生态完善与否可能更是决定生死的关键。

著名的智能制造专家林雪萍先生曾经回答过一个问题:湖南打火机为什么搬不到越南?答案就是因为形成了生态护城河。

湖南邵阳市的邵东只是个城镇人口只有58万的县级城市,但这里却生产了全球70%的一次性打火机，每年约150亿只的产量，连起来能绕地球20圈。

为什么邵东的打火机产业在全球能有这么强的竞争力？答案是它拥有极致的成本控制能力。虽然材料变得更好、产品功能变得更强大，但是一只打火机10年前卖1块钱，现在仍然卖1块钱。这是怎么做到的呢？

邵东的打火机产业生态有3个关键要素。

第一，多条产业链融合。

打火机背后是一套复杂的供应链。例如打火机最常见的三件套，也就是引流芯、芯套和海绵的组合，需要一系列配套工厂进行供货。而打火机的电子装置又是一条供应链；它甚至可以被看成是陶瓷产业的延伸。陶瓷粉经过复杂的工艺沉降，形成包套来包住电池，而后跟铁机头、压缩弹簧和铁帽组合成一个精致的杠杆。同样，小小的出气阀、令人眼花缭乱的印刷包材和电镀喷漆等表面处理，背后也都是一条条的卫星供应链。

打火机有8个产品系列，共有260多个品种，每个品种都需要30多个配件。一个打火机厂有100多家配套商，它们都在邵东本地30分钟的车程内。一个强大的产业集群，就是要靠这样十几个不同的产业所支撑。生态越丰富，韧性就越强，这正是中国制造最重要的基本盘。

第二，打火机制造设备不断升级。

打火机企业的技术升级依托的不是高大上的研究院，而是一种草根力量。很多自发组织的技术游击队成为非标设备的开发商，这些人都是在车间反复装拆机器的高手。开发商与打火机厂的工人一起泡在车间里，这是一种典型的车间里油腻腻的黑手创新。他们的方法就是快速迭代，每次提高一点效率，用一段时间就再次升级。

当打火机的产线效率越来越高的时候，很多搞自动化设备的厂家都发了财，这反过来促进了装备制造同步升级。现在在打火机厂里面，除了注射塑料的注塑机，其他几乎都是本地厂商开发的非标设备。而注塑机也被武装到牙齿，以前，一台注塑机需要两个人：一个人拉门，一个人加面料。而现在，通过加装机械手和上下料机构，一个人可以管理5台注塑机。

原来的打火机充气装置，都是人工操作，上面操作充气装置，下面用脚踩着充气囊，就像是缝纫机一样，需要工人手忙脚乱地打配合。按照这种方法，1人1天最多能充3 000个打火机。而现在，一台机器每天就能充10万个打火机！

第三，本地的打火机协会起到了巨大的组织协调作用，保护了产业生态。

它在迪拜、巴黎等地寻找最终渠道，摆脱香港中介商，建立全球直达的价值网络。

它建立卡车运输大队，确保各家产品能够准时运往港口码头，同时办理通关、清关等程序，按照货柜数量收取费用，对待大小企业公平一致。

它有一个新品数据库，保存各种打火机的式样。所有公司的新品在开发打样期，都需要送往这里备案。如果是相似产品，往往就会被协会打回去。这种方式鼓励了创新，有效地杜绝了"兄弟残杀"的现象。

极限制造能力、配套的供应链、不竭的创新动力、高效的行业协会，形成了一个完整的产业生态，它像一个巨大的吸盘，把打火机产业牢牢地固定在邵东这座小城。

用生态对抗单一产品优势

市场研究机构高德纳公布的数据显示，2022年在全球云计算市场中，前五名分别是亚马逊、微软、阿里云、谷歌和华为，市场份额分别为40%、21.5%、7.7%、7.5%和4.4%。从市场份额来看，微软排在第二位，但看利润率，亚马逊云利润率不到30%，而微软云利润率为44%，比亚马逊云高出不少。

在云计算市场，微软云是后进入者，亚马逊云AWS早在2006年就推出了，最高时曾占据了全球52%的市场份额。面对这样的对手，微软云选择了差异化的竞争策略，通过建立生态来对抗亚马逊云的单一产品。

亚马逊云主要以IaaS（基础设施即服务）为主，也就是云计算的基础设施服务。云计算厂商需要在各个地区建立数据中心，购买服务器、存储设备等基础设施，然后把这些算力出租给客户。甚至可以说，IaaS的业务本质就是出租服务器，想要实现业务不断增长，就得不断购买新的服务器、扩张数据中心集群，这是一种非常重资产的商业模式，投入大、利润薄。

站在客户的角度来看，客户使用IaaS服务的动机也很明确，就是降低成本，因为租比买便宜。而且，算力和算力之间是通用的，就像电力和电力是一样的，对客户来说没有区别，当然是哪家便宜就用哪家。事实上，亚马逊云一直以来就是业内的"价格杀手"。据统计，从推出到2020年5月，亚马逊云一共降价了82次。

区别于亚马逊主要做IaaS、走低价的路线，微软身为老牌软件巨头，一开始就是从PaaS（平台即服务）切入云计算的。PaaS不但给客户提供云计算的基础设施，还在基础设施上配置了操作系统、中间件、运行时等，从而搭建起了一个软件开发平台。客户可以在平台上开发自己的应用，只需要关注自己的业务逻辑，而不需要关注底层。

除了 PaaS，微软还在大力发展 SaaS，就是现在经常说的"软件即服务"。使用 SaaS，客户干脆连应用都不用自己开发了，直接用部署在云端的软件和数据就好了。打个比方，云计算厂商就好像是房东在出租房子，IaaS 相当于"水电气三通"的毛坯房，PaaS 相当于精装房，而 SaaS 是可以拎包入住的酒店式公寓。提供的服务越来越好，收取的费用当然也越来越高。事实上，微软云真正赚钱的就是 SaaS 业务，包括 Office 365 套件、客户关系管理系统 Dynamics、协同软件 Teams 等。

站在客户的角度，上云的动机也不一样了：用 IaaS 主要是为了降低成本，而用 PaaS 和 SaaS 主要是为了提升业务质量，从而增加收益。换句话说，客户对 PaaS 和 SaaS 的价格没有那么敏感，只要增加的收入能够覆盖掉上云的成本，客户就愿意用。而且，客户换个服务器很简单，但是如果要换数据库或者业务应用，客户都会相当谨慎，不会轻易更换。

换句话说，同样是做云计算，PaaS 和 SaaS 是比 IaaS 更好的生意，利润厚，客户黏性大。所以我们看到，最近几年微软云的势头很猛，直逼亚马逊云。微软在 PaaS 和 SaaS 上的突出能力，反过来也带动了 IaaS 业务的发展。因为客户想用微软 SaaS 服务，同时就选了微软的 IaaS 服务。

第四部分

实践篇

第18章
技控的三种实践类型

　　技控就是寻求运用人的要素之外的方法解决问题，追求的是在人的能力极限上再向前迈一步。在实践中，技控主要可以分为三种类型：辅助人、替代人和超越人。

　　辅助人就是在人的能力上做延伸，将人的作用放大，或者让解决问题的人更省力，这种类型的技控不一定是必需的，更多时候是"有它更好"。最典型的辅助人类型的技控是工具类，比如日常生活中常用的开瓶器、螺丝刀、扳手等。辅助人类型的技控有时也会带来大的进步，比如显微镜加速了医学和生物学的发展，因为正是在显微镜的帮助下，人类才得以对微观世界有更深入的了解。

　　替代人就是用技控措施取代人的工作，这种类型的技控是一种可选项，所以是"用它也行"。在人类社会发展的一段相当长的历史之中，人力一直被当作主要的动力来源之一，我们也习惯于把人称作劳动力。人的动作，比如装卸、搬运、推拉、挖掘、巡视等，都被视作工作的一部分。技控的贡献之一就是把人从这种基础的体力工作中解放出来，让底层劳动者摆脱了把一生中的多数时间都用于完成简单重复任务的可悲命运。现在，像高速公路收费员、生产线质检员和公交车售票员这种拘束、枯燥、重复、繁重的一线工作，特别是"脏（dirty）、累（difficult）、险（dangerous）"的3D岗位已经逐步被机器或者系统所取代。

超越人就是使用技控措施做人的能力做不到的事情，这种类型的技控是一种必选项，所以是"没它不行"。在很多方面，技控比人的上限更高，有些技控可以做到的事情，并不是用更多的人力或者人更努力就可以做到的。比如，国家邮政局监测数据显示2023年11月11日全国共揽收快递包裹高达6.39亿件，这只有依赖于物流公司的订单系统才能实现。假如这个订单系统突然崩溃，业务会立刻瘫痪，并不能通过增加人力来完成。这种技控就超越了人的能力边界。

下面我们就分别来分析一下在实践中这三种技控类型的应用情况。

辅助人类型的技控

辅助人类型的技控是三类技控措施中最早被开发的，典型的就是工具。人类社会的发展史就是一部工具进化史，而对工具的使用，被认为是人类与其他灵长类动物在进化过程中的重要分水岭。人类最初开发和使用工具，就是想让它起辅助作用，作为自己四肢的延伸。

比如，人类早期的农业是"刀耕火种"的迁徙农业，就是砍伐地表的树木，然后将枯木、腐叶用火焚烧。经过火烧的土地变得松软，农民不翻地而利用地表草木灰作为肥料，播种后不再施肥，一般种二三年后，待土地的肥力耗尽，他们就进行迁徙，易地而种，完成下一轮的耕作。

因为祖先们当时只有些石制的刀具，不能深翻土地，所以只能利用自然表层土壤的地力，种植效率很低。后来炎帝发明了木耜，就是在尖木棒下部横着绑上一段短木，先将尖木棒插在地上，再用脚踩在横木上加力，借此翻地，农业由此进入了锄耕阶段。此后又出现了犁耕——铁犁牛耕。由于采用了牲畜拉犁，耕种的范围就可以扩展到硬土地带或长满蔓草的地区。从石器、木器、青铜器到铁器，每次工具的进步都会带来生产效率的提高，甚至农业生产方式的改变。

这个类型的技控措施虽然只起辅助作用，却有可能改变历史的走向。马镫就是一个典型的例子。史学家林恩·怀特在《中世纪的技术与社会变迁》一书中说道："很少有发明像马镫那样简单，而又很少有发明具有如此重大的历史意义。"

在马镫发明之前，人骑在马背上时，两只脚是悬空的，必须用大腿夹紧马背，双手拽住缰绳，才能防止摔下来。在马上作战更是难上加难，只有经过长期艰苦训练的优秀骑手才能以单手抓住缰绳，另一手持武器作战。

所以在那个年代，骑兵只是无足轻重的辅助兵种，主要是发挥机动性，负责外围侦查或者侧翼骚扰。骑兵当时最好的战术，就是从马上下来，不断放箭，等敌人靠近了，再骑上马逃离，然后产生新的距离，以便继续放箭。

但是，马镫发明后，骑兵只需双脚就能将自己牢牢地固定在马身上，双手可以完全用于作战，而且只要双腿吃住劲，就可以在马上做出各种高难度动作，可以披挂重甲，挥舞各种兵器，采取更大的幅度弯弓射箭，完全不必担心减速或者坠马。当然马镫还有一个作用，就是增加了骑行的舒适度，骑兵不用再死死地夹紧腿，可以更轻松地完成长途奔袭。

中国的马镫传入西方，竟然促使欧洲社会产生了骑士阶层。那些骑着高头大马的骑士，往往会穿上厚重的铠甲，手里拿着超长且沉重的长矛进行冲锋。如果没有马镫，他们只怕连平衡都保持不住。而骑士阶层的出现在一定程度上导致了欧洲封建制度的产生。因为养一匹马实在是太贵了，按照当时的价格水平，平均20头公牛才能换得一个骑士需要的所有装备，包括马匹、鞍鞯、缰绳、马镫、箭、矛和甲胄。

为了负担这么贵的军事装备，欧洲中世纪的国王开始实行分封制，就是把土地和人民分给领主，条件是当战争来临的时候，领主必须骑自己的马替国王打仗。所以说，由于马镫的发明，中世纪的欧洲形成了封建制度。

替代人类型的技控

替代人类型的技控把人从繁重的工作中真正地解放出来。人们一直在尝试各种替代人力的办法，也始终在寻找比人力更大的动力来源，从最初用牛马的畜力到借用自然界的力量，比如用风帆来驱动船只，用水车来驱动磨盘。直到蒸汽机出现，工业革命的大门打开，人类才进入技控大规模取代人力的时代。随着内燃机、电动机对发动机的革新，以及计算机和人工智能的融合发展，在工作和生活的各种场景下都涌现出大量替代人类型的技控，比如洗衣机取代了浣纱女，ATM取代了柜员，导航系统取代了向导，财务软件取代了人工对账等，不胜枚举。

技控对人的替代一般是逐步进行的，开始可能只是辅助人，经过不断地进化，慢慢地完整取代了人的工作。比如，报时在古代就依赖人工。据说最初是一千多年前的南朝齐武帝发明了晨钟暮鼓，百姓才开始对时间有比较准确的把握。那是公元485年，当时有专门观测天象的官员，他们用圭表、滴漏等仪器测量出准确的时间，每到整点都用鼓声向周围传递。由于离敲鼓报时的地方太远，皇宫有的时候能听到鼓声，有的时候就听不到。一天早上，皇帝听到了鼓声，知道早饭时间到了，可御厨却没有听到，所以没能按时开饭。于是齐武帝就下令在皇宫较高的景云楼里挂起一个大钟，因为景云楼位置比较高，其中的人一定能听到报时的鼓声，然后根据鼓声敲响大钟，这样整个皇宫都能清楚地知道准确的时间，再也不会耽误事情了。自此"晨钟暮鼓"的授时新制度便出现了。

到了唐朝，晨钟暮鼓报时已经非常成熟，大一点的城市都建有钟鼓楼。早上敲钟，城门打开，人们可以随意进出城。晚上敲鼓，宵禁开始，所有人被禁止随意走动。每个时辰都有不同的钟声或鼓声告诉人们时间，悠扬、清脆的钟声能传几十公里，成为整个城市和周围村庄人们生活、工作所依据的标准时间。

夜间有另外一种时间传递方法——打更，并由此产生了一种职业——更夫。更夫十分辛苦，晚上不能睡觉，要守着滴漏（一种记时的器具）或燃香（也是计时的东西），才能掌握准确的时间。根据滴漏的时间，更夫每更都要在城市里面巡游，用梆子或锣声向人们报告时间。当听到更夫的打更声时，人们便知道了时间，按惯例做事情，过着按部就班的平静生活。

到了现代，有了无线电信号，传递时间的手段就更多了，人们可以选择适合自己的时间传递手段。有一段时间，广播会进行整点报时。后来，钟表被发明制造出来，普及到千家万户，终于可以不用专人报时了。

在技控应用更普遍的工业生产领域,"机械化换人、自动化减人、智能化无人、信息化管人"成为新"四化"。通过机器人、泛在感知、数字孪生和人工智能等技术的融合应用,完全不用人干预的"黑灯工厂"已经出现,即从原材料到最终成品,所有的加工、运输、检测过程均无须人工操作,工业机器人完全取代人力,工厂可以关灯运行。

超越人类型的技控

人最初开发很多技控措施的目的,可能只是希望它们能起到有限的辅助作用,但是随着技术的发展和应用场景的丰富,技控自身会发展,以至于最终发展到了人们不曾想象到的程度。很多技控措施发展到了远远超越人的能力边界的程度,有一些工作我们也只有借助这种超越人类型的技控才能完成。人类也是凭借这种类型的技控才实现搬山填海、上天入地的壮举的。

为了计算长程火炮炮弹的轨迹,1946年人类发明了第一台电子计算机,当时的计算速度为每秒钟5 000次。首次正式测试时,炮弹还没有落地,计算机就算出了轨迹,把当时在场的蒙巴顿元帅都看呆了。其实这个速度都不到iPhone计算速度的百万分之一。

计算机继续发展为互联网、移动互联网、物联网、人工智能……早已超越了最初发明计算机的人的想象,很多商业模式正是随着这种发展而实现的。比如,30年前人们做外卖生意依托的是固定电话系统和手工订单,住酒店的客人如果在夜里想叫一份餐送到房间,就需要打酒店的订餐电话,而接到订餐电话的服务人员要与客人反复沟通核对订餐信息并记为二联单，一份给厨房，一份给送餐的服务员。这个过程效率非常低，一个晚上最多只能完成几十份。

而到了2023年，美团外卖的日订单数就突破了7 800万单，外卖员突破700万。[①] 如果这个量级的业务用固话时代的订餐系统，服务人员每天就需要通7 800万个电话，手工记1.5亿多个单子，哪怕有1%的订单出错，处理难度也不可想象。这个商业模式之所以成立，得益于外卖系统这个技控措施的不断发展，而且其发展到远远超越了人的能力的程度，如果离开它，人会束手无策。

正是技控的不断突破打破了我们曾经认为的极限。比如在电子领域，1947年，贝尔实验室的物理学家约翰·巴丁、威廉·肖克利和沃尔特·布拉顿公开了最早可运行的晶体管，尺寸有小孩手掌那么大。

1957年，仙童半导体公司成立，让·阿梅德·霍尔尼在蚀刻晶体管的基础上，通过在纯硅晶体上面涂一层二氧化硅作为绝缘体的方式，发明了平面晶体管，把直径缩小到1毫米以内。

英特尔创始人之一罗伯特·诺伊斯构思是否有可能把一个成熟电路的电阻、电容、振荡器、二极管等电子元件的平面版全都放在硅片的二氧化硅涂层上，由此产生了电路集成的概念，即利用照片放大机的工作原理把电路印在硅片上。在晶体管发明24年后的1971年，英特尔4004芯片将晶体管缩小到只有10微米宽，是人类头发直径的1/10，处理器上2 300个晶体管之间的距离仅相当于雾滴大小。

1985年，英特尔80386芯片上的节点已经缩小到1微米，处理器上有超过100万个晶体管。随着芯片不断按照摩尔定律的魔笛跳舞，晶体

[①] 资料来源：https://www.meituan.com/news/NN231128062002354?source=relativeNews。

管数量越来越多，节点距离也越来越小，纳米开始替代微米走上舞台。

2016年的布罗德威尔系列芯片，节点大小已相当于最小病毒的大小，每块硅片上包含不少于70亿个晶体管。2020年推出的5纳米芯片居然容纳了多达153亿个晶体管，超过了人类大脑中的神经元数量（120亿~140亿）。5纳米相当于头发的万分之一，一根头发大约有6万纳米宽。而这一精度得以实现，都依赖荷兰的芯片机制造商阿斯麦，原名先进半导体材料国际公司的激光蚀刻技术。

技控的进步不断提高人类社会的生产效率，而生产效率的提高催生了人类更高的欲望，让人类产生对开发更高水平技控的需求。从辅助人、替代人到超越人，人类的进步史与技控的发展史相互交织。

对于商业实践来说，拥有技控思维最重要的是建立一种方法先于行动的认知，而不是凡事先搞起来再说。技控思维很简单，就是坚持按照正确的方法做事，但这正是做事的至高境界，因为这要求做每件事情都要努力找到它背后的成功方程式，理解做事的底层逻辑。

比如，同样是大型折扣店的开市客和沃尔玛，却有着不同的底层逻辑。开市客的模式是向会员收取会员费，然后以最低价格批量销售商品。它按照盈亏平衡来设定商品销售的价格，并完全通过会员费来获得营业利润。而沃尔玛本质上是一家传统零售商，它只是在利用规模和压低价格方面做得最好的零售商之一。

开市客目前的市盈率高达34.4倍，而沃尔玛为25.3倍，这说明在投资者眼中，开市客的商业模式比沃尔玛更安全，也拥有更好的增长前景。

如果把商业体看作一个完整的系统，我们就会发现每一个成功的企业，都可以被看作技控思维在实践中的范例，因为它们成功的本质都是找到了一个成功方程式，然后按照这个方程式持续努力。

第19章
面向未来的技控

19世纪，马车业支撑着工业运输、信息交流和相关产业的发展。19世纪90年代，纽约的时代广场就是出售和修理马车的地方。据估计，1914年美国有4 600家马车公司。但在接下来的11年里，这个数字急剧下降为不到150家。

有一家创建于1831年，叫作约翰·斯蒂芬森的马车公司，在当时是运输业的领头羊之一。这家公司在马车业中非常有创新力，它在美国建立了第一条可以在城市道路运行的有轨列车线路。它至少拥有18项专利，从多功能的马拉巴士到马拉铁轨货车，再到街头有轨列车，约翰·斯蒂芬森公司在商业模式和产品设计方面进行过多次成功的创新。但是它却在1919年8月被破产清算。

问题的关键不是约翰·斯蒂芬森公司在马车时代的创新能力，而是它转型到内燃机时代的无力感。当技术发生革命性的变化时（比如活塞发动机的发明），依托于原有技术路线的竞争优势就会荡然无存。随着数字化革命的大潮奔涌而来，现有的技控措施也必然会迎来一次淘汰和升级。

范式转变与革命性进步

托马斯·库恩在《科学革命的结构》中揭示了进步和革命的不同，进步是常规科学在一个范式下的完善，不断深入地研究三类问题：确定重要事实，使理论与事实相符，阐述理论。而当现有范式失灵的时候，寻找新范式的序幕就被拉开。库恩说："从处于危机中的范式转变为新范式（从而产生一种新的常规科学传统）绝不是一个累积性过程，即不是一个可以通过对旧范式进行阐述或扩展来实现的过程。毋宁说，它是在新的基础上对该领域进行重建，这种重建改变了该领域某些最基本的理论概括，也改变了许多范式方法和应用。"科学革命就是旧范式被一个与之完全不相容的新范式完全取代或部分取代。简言之，范式转换带来科学革命。

同理，一般意义上的技术进步是指沿着一条技术道路对现有技术进行深入挖掘，或者引入外部其他技术对现有技术进行外延扩展和改进。比如手机，从黑白屏、蓝屏到彩屏，再到触摸屏，信息沟通越来越方便，就是典型的技术改进。

而技术革命是技术范式完全发生变革的结果。从技术轨道来看，单个技术系统的革命实质上是从一种技术系统的发展轨道跳跃到另一种技术系统的发展轨道，因此技术革命是技术发展史上不连续的重大事件。

技术革命和技术进步不同，它意味着一种划时代的新技术的发明，及其所导致的"根本性创新"的出现。所谓根本性创新，是指那种能够引起投资高潮、产业结构变革的技术创新。

当人力、畜力、水力、风力等构成的动力系统走到尽头时，人类发明了蒸汽机动力，跨越了数千年来横亘在人类文明前的技术台阶。

瓦特改进蒸汽机后，整个19世纪，蒸汽机一直在改进，变得更安全，效率也更高。蒸汽机的改进会促进若干附带技术的完善，但如果一直遵循蒸汽机的原理，加热水来产生动力，那么动力系统就会存在极限，推重比太低，人类永远也无法推动飞机上天。只有内燃机这个革命性的能量转换器出现，人类才有可能造出飞机。在内燃机出现后，一系列的技术改进最终导致了火箭的出现。

戴森对传统范式的创新突破

技控思维强调找到并坚持正确的方法，但是随着时间的推移，原有的正确方法也会过时，正所谓拿着旧地图找不到新大陆。在现实中，过去的成功路径也经常成为未来发展的桎梏，只有打破原有范式才能实现真正的创新。在商业领域，戴森研发高速吹风机的过程，就是通过范式转变实现了革命性进步。

传统吹风机的痛点显而易见：第一，因为要制造风速，所以会产生噪声，用起来非常吵；第二，为了把头发尽快吹干，吹风机里加上了电阻丝加热空气，气流温度最高能达到150℃，很伤头发。

怎么解决这两大痛点？先来说伤头发的问题。戴森的工程师认为，如果空气流动足够快，就可以把温度降下来，把头发吹干而不是利用热空气把头发烘干，这样就不会伤头发。这个问题相对好解决。工程师设计了一种中空的结构，能让风速提高3倍。

但是，风速一提高，噪声就更大了。怎样才能既提高风速，又把噪声降下来？这是一个典型的"既要……又要……"问题，而且是与物理规律相违背的。当时戴森的工程师团队试了几百种方案，都没能解决这个问题，差点儿就要放弃高速吹风机项目。

后来，研发团队偶然从蝙蝠身上找到了灵感。蝙蝠靠回声定位来探查周围环境，但人类听不到蝙蝠的声音，因为蝙蝠发出的是超声波，声音频率超出了人类的听力范围。如果仅把吹风机的转速提高三五倍，那肯定是风速越快噪声越大；但是，如果把转速继续提高到一定程度，声音频率就会进入超声波区，人类就听不见噪声了，这就是"静音高速吹风机"的原理。

最终，戴森团队设计出了一种空气动力马达，重49克，直径27毫米，有13个叶片，转速高达每分钟11万次，这是戴森网红吹风机的核心部件。

星巴克对成功方程式的调整

除了在竞争的过程中能看到一代代商业模式的进化，在坚持做同一种生意的同一家企业中，我们也能看到随时代发展而留下的进化痕迹。

1983年，霍华德·舒尔茨有一次去意大利出差，发现了意大利浓咖啡带给人们的别样体验，并以此为契机开创了一项新业务。舒尔茨这样回忆他首次走进米兰一家咖啡馆的经历：

一个瘦瘦高高的男性咖啡师热情地跟我打招呼。他向我说"早上好"的时候，用手压下一个金属柄，然后一股蒸汽冒了出来。当时柜台前站着三位男顾客，咖啡师把一小瓷杯浓咖啡递给其中一个人。接下来是一杯手工制作的卡布奇诺，上面是一层白色泡沫。咖啡师不时地与等待的顾客愉快地交谈着，而他的一举一动显得非常优雅，磨咖啡豆、抽咖啡液、制作奶泡这一连串的动作连贯而流畅，仿佛是一气呵成的。整个场面看起来其乐融融……

舒尔茨发现顾客之间以及顾客与咖啡师之间都很熟悉，关系融洽。那个时候，意大利有约20万家咖啡馆，仅在米兰一个城市就有约1 500家。意大利浓咖啡的价格也比较高。而在美国，大多数人喝的都是价格低廉、味道平平的咖啡，富裕人群也不例外。

所以，舒尔茨最初选择的商业范式是在美国复制出意大利浓咖啡的美妙体验，让大众喜欢上浓咖啡。他直接模仿意大利的咖啡馆，因为他不想让任何东西冲淡意大利浓咖啡和意大利咖啡馆的完整体验。700平方英尺[①]的空间全部采用意大利风情的装潢，不设椅子，和米兰的浓咖啡馆一样，顾客都是站着享用咖啡的。浓咖啡都盛在小瓷杯里，播放的背景音乐是歌剧，服务生身着正式的衬衣，打着领结，菜单也附带着意大利语的说明。

如果舒尔茨始终坚持最初的经营理念，恐怕到今天星巴克就只是一个小型的浓咖啡馆。但是，和所有优秀的企业家一样，舒尔茨非常在意市场的反馈，并且能不断地调整经营模式。

开始不久，舒尔茨就把意大利语从菜单里去掉了，也不再播放歌剧，取消了咖啡师穿意式马甲、打领结的规定。他摆脱了米兰模式，开始在咖啡馆里摆上椅子，供顾客坐下来享用咖啡。

过了一段时间，他发现美国人希望咖啡馆能外卖，于是他率先引入了纸杯，将咖啡盛在纸杯里外卖。美国人喜欢在拿铁咖啡中加入脱脂奶，于是经过一段时间的反思之后，舒尔茨推出了加入脱脂奶的咖啡。

---

① 1英尺=0.304 8米。

用国际商务术语来讲,他根据美国消费者的口味,逐渐实现了意大利浓咖啡的"本土化"。

1987年,舒尔茨全资收购了星巴克,并开启遍布全球的连锁经营。

今天,尽管众所周知星巴克是一家咖啡公司,但它在欧洲人眼里实际上是一个零售商。星巴克售卖的咖啡都属于自主品牌,各连锁店的所有权也都归星巴克公司。其实,在欧洲人看来,与其说星巴克是一家咖啡公司,不如说它是一家牛奶公司,它的所有饮品都只是有咖啡味的牛奶。

但无论如何,星巴克都已经进化成一家最成功的咖啡公司,也是当今世界上最伟大的企业之一。

面向未来的成长型思维

面向未来,技控工作者要保持一种开放和学习的心态。

斯坦福心理学教授卡罗尔·德韦克发现在生活中,有些人好像生来就是成功者,做什么事都很顺利,都很成功,而另外一些人则一直很无助,好像这辈子注定是个失败者。她还下定决心要找到其中的原因,于是经过研究提出了"固定型思维"与"成长型思维"的理论。

德韦克找了一些同龄的儿童,分给他们每人一份拼图,然后静静地观察孩子们的表现。没过一会儿,几个小朋友就按捺不住了,开始抱怨说:"这个也太难了吧,我觉得越拼越乱了。"还有人嘟囔着为自己辩解道:"我本身就不适合玩这种拼图游戏。"甚至还有小朋友直接把拼图摔在地上,哭了起来。

此时,那些继续拼图的小朋友竟然表现出了兴奋的状态,拼图越难,他们就越兴奋。他们没有因为自己拼得不好或者拼得很慢而自怨自艾，反而很兴奋地鼓励自己说："我就喜欢挑战这个，题目变得越难，我就应该越努力地尝试。"

德韦克发现，这些孩子之间的差异在于思维模式。她将其分为"固定型思维模式"和"成长型思维模式"，而不同思维模式带来了完全不同的两个结果。

如表 19-1 所示，固定型思维的人认为人的特质都是天生的，后天无法改变，在做事的过程中会不断地给自己消极的心理暗示，并常常中途放弃。成长型思维的人相信，人的各种基本素质都可以通过自身的努力得到改善，在做事的过程中会不断地给自己积极的心理暗示，能够以坚韧的态度面对困境，并最终取得成功。

表 19-1　固定型思维与成长型思维特点对照表

应对态度	固定型思维	成长型思维
对挑战	只愿意做自己擅长的事情，习惯性地回避挑战，遭遇阻力时容易放弃，害怕失败	认为挑战可以帮助人们学习和成长，挑战失败意味着"我还有成长的空间"
对努力	潜意识里支持"天赋决定论"，认为付出努力本身会让才华得到质疑	坚信努力是取得进步的必经之路
对能力	坚信能力可以通过一场考试来测试	认为能力是长期训练的结果
对缺点	他们宁愿获得短暂的成就感，也不想暴露自己的不足	认为弥补不足就是下一个努力的目标
对反馈	反馈信息激起他们的情绪——因积极反馈而异常兴奋，因消极反馈而备受打击	对能够增强自身能力的反馈信息更关注
对意见	不理会批评性意见，认为没做好，是"没天赋"，而不是"没努力"	欢迎批评性意见，尽力改进自己的行为
对别人的成功	如果别人取得成功，会感觉自身受到威胁	注意从他人的成功中寻找经验，获得激励

正如洛克菲勒所说:"不论你认为自己行或者不行,结果都会证明你是对的,人实际上是自己预言了自己的命运。"

《华盛顿邮报》以成长型思维拥抱未来

2013年8月,贝佐斯以2.5亿美元收购了《华盛顿邮报》。被收购前,《华盛顿邮报》面临的窘境是连续7年收入下降。在2013年上半年,它亏损5 000万美元。

当时,在互联网的冲击下,整个印刷业都陷入衰退。2005—2021年,大约有2 200家美国本地印刷报纸公司关闭。

贝佐斯说,我其实对报业一无所知,但我希望可以借助把亚马逊打造成国际互联网巨头的经验和技术,将《华盛顿邮报》带入数字时代。

《华盛顿邮报》组建了一个振兴小组,他们向贝佐斯呈现了他们的振兴计划:进行4年1亿美元的数字化投入;为读者呈现千人千面的网页内容;加入15亿用户的苹果News+服务;扩充广告团队做大线上线下广告。

然而贝佐斯说:"我对这些不感兴趣。"接着他反问了大家一个问题:作为新闻,作为《华盛顿邮报》,我们真正的使命和价值到底是什么?深植在我们内心深处,深植在我们历史的发展脉络当中,甚至会成为我们未来发展的根基的那个真正的使命,真正的核心价值到底是什么?

贝佐斯引用了亨利·戴维·梭罗在《瓦尔登湖》中的一句话,说你今天看的新闻,和我们10年前看的简直一模一样,也就是文章上主人公的名字换了一下,无非是今天某个西班牙公主结婚,明天某个王室离婚，好像每天的新闻都是在这样不断地重复、不断地重复。对于新闻，贝佐斯提出了一个很关键的问题：为什么所有的新闻平台今天都变成了一个信息平台，新闻本质上到底是什么？

振兴小组提出要实行千人千面这样一个计划，实质上就是将《华盛顿邮报》从新闻变成一个信息平台。而如果成为信息平台，真正的竞争对手就是谷歌、脸书、推特，《华盛顿邮报》有能力跟它们竞争吗？

如果新闻不是一个简单的信息平台，那什么是新闻，根植在新闻底层的价值到底是什么？他们找到两句话，这两句话奠定了《华盛顿邮报》的发展以及定义了新闻的价值。第一句话：新闻是历史的初稿。第二句话：强大而独立的新闻的存在对整个社会的民主和健康是至关重要的。在这个基础上，他们提出了《华盛顿邮报》的口号：民主在黑暗中死亡。为此他们专门制作了一个广告片，在美国的各个平台上进行播放，其中的旁白如下：

当我们起身参战。
当我们行使权力。
当我们展翅高飞。
当我们哀悼祈祷。
当邻国濒临险境。
当国家受到威胁。

总有人在一线收集事实。
总有人为你讲述真实的故事。
他们不计代价，无悔付出。

因为真相赋予我们力量。

因为真相助力我们决策。

因为真相给予我们自由。

当从这个立足点开始重新思考，当真正理解民主在黑暗中死亡、在真相中建立，以及新闻真正的价值是以真相帮助我们做决策，推动社会的民主和健康的时候，我们就找到一个关键的决策点，即我们要提供的价值是深植在我们内心的使命，在这个基础上，我们才能够思考所有的战略举措。

由此思考，在整个新闻、媒体行业，客户面临的最重要的问题是什么？其实是信息过载。所以《华盛顿邮报》要做一个不同的产品，就是高质量的新闻产品，而这需要编辑的判断和严选。贝佐斯在《华盛顿邮报》打造的第一款产品叫作彩虹计划，它存在的意义就是让读者每天只需要打开一分钟，就能鸟瞰知天下。

为了做好彩虹计划，《华盛顿邮报》招揽了非常多高质量的记者和编辑，结果发现当时的内容管理系统实在是太难用了，编辑和记者在这个系统上排版、整理以及发布会耗费非常多的时间和精力。于是，他们就开发了一个叫作 Arc Publishing 的内容管理系统。这个系统不但能大幅缩短媒体网页的加载时间，还包含视频管理系统、定制新闻和广告推送系统、数字端订阅系统、后台数据分析系统等，能帮助媒体基于用户数据更好地做决策。

因为这个内容管理系统出生在一个基于亚马逊云的 SaaS 平台，任何媒体公司都可以利用，所以它被进一步升级为一款专门为媒体提供数字化解决方案的 To B 产品。这款媒体数字化软件一经推出便取得了空前的成功，美国销量第五的报纸《洛杉矶时报》和第六的报纸《芝加哥论坛报》都成为该产品的大客户。这款产品至2021年时客户群体已达1 500多家，遍布24个国家，总用户量高达15亿人，覆盖行业从媒体扩展到了文娱产业乃至各行各业。所以，现在的《华盛顿邮报》已经是一家百分之百的科技公司。

经过这一系列变革之后，曾一度濒临绝境的《华盛顿邮报》终于迎来了增长和盈利。在内容维度和网页、数字端体验的全方位优化下，《华盛顿邮报》在短短两年内反超《纽约时报》，在2015年获得超过6 000万的独立访客。

虽然没有公开财报披露，但美国有线电视新闻网报道《华盛顿邮报》从2016年到2021年连续6年盈利。此外，贝佐斯通过数字化转型，将《华盛顿邮报》由区域性媒体扩大为全国性媒体乃至全球性媒体的战略调整也初见成效：在不断增长的订阅用户中，超过90%的用户来自华盛顿特区以外。

在一系列备受瞩目的变革下，《华盛顿邮报》2015—2018年获得世界领先的商业媒体《快公司》评选的"最富革新精神的公司"称号。2018年，该榜单的榜首是苹果公司和奈飞，《华盛顿邮报》位居第八，其获奖评语是"将亚马逊式的野心带到了新闻媒体界"。

《华盛顿邮报》的主编马蒂·巴隆在回顾这段历史时说，其实贝佐斯并没有试图重新发明这份报纸，而是努力发现它真正的价值所在。正是对这个真正的价值的认知，指明了《华盛顿邮报》走向未来的方向。

迎接技控的AI大时代

技术革命往往会带来技控的跨越式发展，今天，大模型推动了生成式AI的爆发，一个以智能化为基础的大时代正在到来。在美国对冲基金Coatue发布的题为《人工智能：即将到来的革命》的研究报告中，分析师认为互联网在北美的普及用了20年的时间，而智能手机达到同样的普及率只用了10年时间，可以预测AI的普及会在5年甚至更短的时间内达成（见图19-1）。

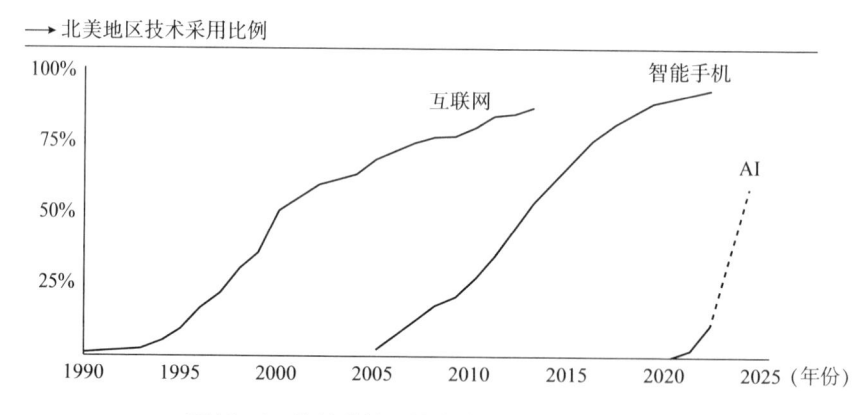

图19-1　从技术的覆盖速度预测生成式AI的发展

在今天所处的这个技术大爆发的时点，技控措施被加速地更新替换，昨天被视为创新的技控措施会成为今天被颠覆的对象。我们需要保持不断的进步，有时候为了成长要不惜与过去的成功做一个割舍。为了适应一个新的技术，我们需要接受最初的不完美，接受磨合期可能出现的效率下降情况，积极地面向未来，静待花开。

正如凯文·凯利所说，生态圈里卓越的公司想要攀登到更高峰，就需要先下山再提升来达到顶峰,而企业越成功越难下山。

一些看上去一蹴而就的现象和技术,其实已经存在了很多年,只是因为没有满足成为产品的底层要求,所以到不了大众的视线。新技术的突然涌现实际上是厚积薄发的结果,之前它们经历了很长时间的积累。

跟30年之后的我们相比,现在的我们就是一无所知。我们必须相信那些不可能的事情,那些看起来不太可能为我们所用的东西,将来肯定会为我们所用。

我们尚处于开始的开始,处于第一天的第一个小时。世界上最伟大的东西,现在还没有被发明出来,也就是说你现在开始,为时未晚。

附录
全国企业技控大赛金奖案例

全国企业技控大赛介绍

企业技控大赛始创于2018年，是由《培训》杂志和华商基业联合主办，华商基业承办的一个关于方法创新、业务改进、效率提升和降本增效的全国性项目大赛。2022年开始，增加CSTD为新的联合主办单位。企业技控大赛的参赛作品均为企业开发技控方法，并将其用于解决经营和管理中的真实问题，且取得显著成效的创新项目。

企业技控大赛迄今已成功举办6届，参赛案例从89个增长到2 599个，每年参赛企业不下百余家。每年的4月企业技控大赛正式启动，全国共分为4个赛区进行初赛和复赛，前25名将在每年11月举行的绩效改进论坛现场进行总决赛。总决赛形式为选手现场路演，并经由专业技控导师组成的评审团进行评选，决出当年的前10强。初赛和复赛通过案例匿名的方式进行背对背交叉评分，以确保大赛的公平、公正。

6年来，参赛企业越来越多，涉及行业越来越广，案例成果越来越好，选手现场演讲越来越专业。企业技控大赛目前已经成为众多企业积极参与，以业务结果为导向的高质量学习项目大赛。

案例：重庆国博中心展会满意度调查

重庆国际博览中心有限公司成立于2011年3月18日，注册资本金3.25亿元，是重庆市级重点国有企业重庆悦来投资集团全资子公司，负责重庆国际博览中心展览场地的经营管理。该公司依托展馆承接展览、会议、活动、演出、赛事等项目，并积极探索在会展全产业链上纵深发展，由单一场馆经营向以场馆经营为基础、展会运营为主导的多元化转型发展。公司定位为中国最具价值和创造力的会展策划、执行平台机构，致力于会展全域发展，做强会展全产业链，实现会展产业生态化，是国际展览业协会（UFI）董事会成员、国际展览与项目协会（IAEE）成员单位，通过了ISO9001：2015质量管理体系和ISO45001：2018职业健康安全管理体系认证，是中国绿色会展联盟的发起单位，牵头和参与制定行业标准5项，会展场景的数字化运用居于行业引领地位。公司先后荣获全国工人先锋号、中国十佳品牌会展中心、中国会展标志性展馆、中国会展最佳城市形象场馆、重庆市优秀会展企业、重庆知名品牌企业等荣誉称号，被多个大型展览主办方评为最佳场馆合作伙伴。

重庆国际博览中心位于国家级新区重庆两江新区——悦来国际会展城，总建筑面积60万平方米，集展览、会议、餐饮、住宿、演艺、赛事等多功能于一体，是全球领先的现代化大型专业会展综合体。展馆依山傍水，公园环抱，是国内独一无二的公园展馆、人文展馆、生态展馆。场馆室内展览面积20万平方米，共16个全平层无柱式展厅，馆内全Wi-Fi覆盖，可保障5.5万人同时上网，拥有百万人数量级大数据系统，可实现各馆数据单独采集。展馆南北区共1.1万个停车位，并配备了2万多平方米的超大多功能展厅，净高19～28米，可容纳1.5万个座位，可举办音乐会、演唱会、体育赛事、新车发布、论坛讲座等多种大型室内活动。此外，重庆国际博览中心还配套了总面积12 500平方米的重庆悦来国际会议中心和拥有390间客房、国际化服务标准、一流硬件设施的悦来温德姆酒店。

背景现状

根据2021年上半年展会满意度调查数据，展会项目组主要反馈满意度调查问卷收集的问题指向不清晰，不便于整改，不利于服务品质的有效提升。为进一步提升展会服务质量，更有针对性地发现系统性、结构性问题，更好从公司层面帮助展会项目组持续改进工作，提升展会服务质量，我们需要对满意度调查问卷进行优化。

重庆国博中心从熟悉展会工作的多个部门抽派人员成立课题组，对展会满意度调查问卷的问题清晰度进行专项攻关。课题组共设5个小分队，从主办方、观众、展商、主场服务商、搭建商5个维度对展会满意度进行深入研究。

一方面，课题组对调查问卷问题的清晰度和计算方式给出了定义，将更客观、更精准地反映满意度调查问卷现状。另一方面，课题组对工具因素、流程因素、方法因素、人为因素四大维度进行分析，梳理出了现有调查问卷的四大痛点：一是问题不清晰，转化率较低；二是关注点不突出，更新不及时；三是反馈有效性不高，帮助不大；四是机制不完善，考核未实现权重差异化。

技控机会

为了解决上述问题，课题组结合实际工作情况，拟订了双线并行的解决方案，在提升问卷问题清晰度的同时，优化项目工作流程。

一方面，提升问卷问题清晰度。

梳理问卷5类受众（主办方、观众、展商、主场服务商、搭建商）的重要体验环节，锁定核心关键步骤，对标现有问卷，核查问卷问题是否抓住关键点，最后设计出新问卷，改进评分机制，优化问题板块内容。

另一方面，优化项目工作流程。

梳理展会项目组及职能部门的重要工作环节，核查展会项目组工作环节的流程及执行情况，然后对标其工作流程，梳理改进措施，抓准改善点，最后协助项目组优化工作流程，促进部门文件管理工作落实。

在第一阶段，课题组会对展会项目组的工作情况进行工作画布还原、技控定位及4E魔方的表格梳理。为更好地梳理问卷问题，课题组还对5类受众从到达重庆国博中心至离开时的所有体验环节进行全面还原。

以主办方为例，囊括展前、布展、展期、撤展4个阶段的各体验环节。在还原过程中，课题组梳理了项目组及相关部门的工作步骤和系统工具：首先根据特性筛选出重要体验环节，锁定受众的体验关键点；其次根据体验关键点筛选出项目组及职能部门的重要工作环节，以达到锁定工作改善点的目的；最后筛选出体验关键点、改善点并进行分析。同时，对2019—2021年质监报告、满意度报告中的相似问题以及对应此体验环节的相关标准和执行情况进行了核查，目的是帮助项目组优化工作流程，促进公司制度标准的落实，进而遴选出问卷的关键点。

基于以上工作，此次课题设定了期望目标：一是提高满意度调查问卷清晰度；二是优化满意度评分机制；三是强化制度标准执行力度；四是提高客户满意度，持续提升服务品质。

成果收益

为此，课题组制订可行性目标计划。

第一阶段完成满意度调查问卷内容和评分机制的更新。

第二阶段是优化工作流程，提升标准执行力度。

第三阶段（最终目标）是在优化问卷和工作流程后，进一步提升客户满意度。

在改进过程中，课题组组织了包括课题组内部、展会项目组、管理部门及项目管理系统开发人员在内的共计16次讨论会，完成问卷关键点梳理、改善点确认、问卷调查科目确认、问卷架构设置确认以及新问卷的编写等工作。在编制问卷过程中，前后设计了6版满意度调查问卷，梳理了139个关键体验环节、78个关键节点、56个改善点，核查了89个制度或SOP（标准作业程序），发现6项工作流程需完善优化。

2021年12月，课题组在汽车消费节和家博会上对稿三、稿四和稿五进行了测试，针对主办方、展商、观众共计完成了75份测试问卷，数据反馈受众大多数偏向于百分制打分方式；现场调查反馈了问题27个，其中14个问题是从课题组设置的问题库内勾选的；被访者反馈问卷的问题太多太细，填写较麻烦，因此课题组进行了问卷优化。

第六版问卷减少了调查目录，受众可根据满意程度进行评价；优化了问题库并对问题进行了详细描述，供调查受众勾选；根据工作实际情况，对调查指标设置了考核项与收集项，实现考核权重差异化。

第六版问卷怎么样呢？现场调查问卷测试数据显示，它更有效、更精准、更完善，增加了受众基础信息的收集，比如年龄段、职业性质，更便于数据分析，提高调查效率；减少调查目录，按各受众关注点设置评价范围，让受众感受更好；设置问卷题库，让问题指向更清晰；建立反馈问题台账，更靶向性地协助项目组整改问题；形成问卷迭代机制，确保满意度调查维度与业务不脱轨。

同时，第六版问卷也在公司内部进行了测评，项目组对新问卷给出了正面肯定的评价，认为其指向性更强、问题更明确，能更有效地帮助项目组的工作。

此外，课题组在汽车消费节及后续多个展会上进行了新、老问卷的同项目同期、同项目非同期多项对比测试和分析，发现新增问题库后，受众更愿意反馈问题，收集的问题指向更清晰，信息更对称。分析数据显示，新问卷收集问题的清晰度提升至81%。目前，新问卷测试版已在公司内部的管理系统上更新，接下来将在展会中进行多次测试，并将根据测试结果持续优化。

感悟收获

课题组在为期7个月攻坚过程中感受颇多。一是换位思考，关注客户体验和项目服务。通过课题开展，增强客户和项目组的黏性，让客户感受到我们对问题的重视，提高工作实效。二是团队协作代入感更强。通过课题体会到展会项目组的艰辛，后期公司质监团队将更及时有效地协助项目组改进问题，规避风险。我们将持续改进质量管理工作，不断提升公司服务品牌的影响力，为公司发展提质增效。

企业技控大赛要求

1.案例资格审核：案例内容符合参赛范围，主题明确；无违反国家法律内容；涉及企业的案例内容需经企业同意可以公开。

2.初赛作品评审：各赛区（包括分赛区和企业赛区）根据大赛专家委员会制定的初赛评分标准，对提交的技控案例进行评选，评选分数达70分的技控案例入围复赛。

3.复赛作品评审：大赛专家委员会根据复赛评分标准，进行3人以上匿名评分，并取平均分，最终按分数排名取前25个优秀技控案例入围决赛；另外针对内部举办技控大赛的企业，评比出5个技控大赛优秀组织、10名优秀技控导师。

4.决赛作品评审：在绩效改进论坛召开期间举行现场决赛，由大赛专家委员会派出5名嘉宾评委，按打分标准针对参赛者路演案例进行现场打分，大赛组委会现场统计平均分数。

附表1　2018—2023年历届金奖课题及获奖企业名录

届	金奖课题	获奖企业
第一届	运营商运维费用标准化模型控制解决预算精准性问题	中国电信股份有限公司北京分公司
	30秒的精准 ——存量房税费计算器	大连链家房地产经纪有限公司
	"傻瓜式"一键营销 ——营销小工具实现营业员开口信息收集及成交率提升	中国电信股份有限公司惠州分公司
	展会翻台"加速器" ——标间材料计算公式化解决预算效率低、易出错的问题	重庆国际博览中心有限公司

（续表）

届	金奖课题	获奖企业
第一届	小表格大宝典 ——通过建立《销售品快查手册》解决销售信息互通问题	中国电信股份有限公司北京分公司
第二届	堵住"漏水桶" ——将无线基站隐患解决率翻两番	中国电信股份有限公司深圳分公司
	技控挖潜力，挑战不可能 ——提升SMT车间日产量10%	TCL集团股份有限公司
	原来开户可以更美的 ——3个月对公临柜开户时间缩减30%	中信银行股份有限公司长沙分行
	"技"网开来，出口成"涨" ——提升网络客户中收成单量	中信银行股份有限公司信用卡中心
	细节营销，惊人力量 ——延保经销商市场份额由30%提升到79%	一汽资本控股有限公司山东大区鑫安保险山东分公司
	颜值保卫战 ——降低F款产品外观划伤率	广州视源电子科技股份有限公司
	找到你，爱上我 ——社区存量客户营销精准派单率和营销成功率双提升	中国电信股份有限公司广州分公司
	解放双手，效率提高X000%+ ——VBA工具自动化土地拓展工作的应用实例	时代中国控股有限公司
	场景，让服务一站即达	中信银行股份有限公司信用卡中心
	物流配送可视化，满意度提升看得见	国药大学/国药控股湖北有限公司

(续表)

届	金奖课题	获奖企业
第三届	一眼就 go！！！自助验证从未如此丝滑	深圳市机场股份有限公司
	"剧本式"智送营销小工具 ——1 个月内将电销员开展 4G 升 5G 营销项目在线成交率从 10% 提高到 20%	中国电信股份有限公司深圳分公司
	掌上寻纤精灵 ——将装维人员末梢光路业务核查的时间从 20 分钟/个缩短至 2 分钟/个	中国电信股份有限公司汕头分公司
	3 招破瓶颈，上量又增收 ——技控助力湛江万号营销量提升 59%	中国电信股份有限公司广东分公司 10000 号运营中心
	三分钟安检宝典 ——高峰时段晚到旅客安检时长由 7 分钟缩短至 3 分钟	深圳市机场股份有限公司
	321 拿下他！ ——营业厅 IPTV 用户影视包营销成功率从 0.34% 提升到 1%	中国电信股份有限公司揭阳分公司
	定案核弹 ——方案数据自动化工具	时代中国控股有限公司
	流程小变动，精力悦灵动 ——保全服务时效提升	慧择保险经纪有限公司
	一张发票的极速之旅 ——从采购勾票到财务付款的全流程自动化	国润医疗供应链服务（上海）有限公司
	一句话=增收 100 万 ——智慧家庭产品门店体验率和销量双提升	中国电信股份有限公司重庆九龙坡分公司
	楼上楼下全通透 ——家庭快组网，投诉压降 20%	中国移动通信集团江苏有限公司镇江分公司

(续表)

届	金奖课题	获奖企业
第四届	"多快好省"四招制胜 ——将宽带私域营销转化率从 0.6% 提升至 1.2%	中国电信股份有限公司广东分公司
	"技"不可挡 ——农产品寄递数据分析时效从 29 小时缩短至 10 分钟	中国邮政集团有限公司陕西省分公司
	"一键暂存"终端机,哪里卡住点哪里! ——一键暂存,让业务办理时间缩短 8 分钟	深圳市机场股份有限公司
	3 步轻松复制"顶流主播" ——抖音保险直播间留资率提升项目	慧择保险经纪有限公司
	DUANG!见证机房的"中国速度" ——从 6 个月到 1 个月,缩短机房建设周期	中国移动通信集团江苏有限公司镇江分公司
	蓝绿光指明安全推行路 ——降低航空器推出程序执行月不达标率至 5‰	深圳市机场股份有限公司
	天下无诈 ——将工信部 12321 平台月百万用户举报诈骗件次由 16.05 降低到 6.89	中国电信股份有限公司深圳分公司
	遇到难题"莫插手",三招速成真无忧 ——一个月内,TV 黄页信息采集员将信息审核通过率从 10% 提升到 70%	中国电信股份有限公司遂宁分公司
	智能导航,加速上云之路 ——将云网工程师的云业务交付时长从 45 分钟缩短至 15 分钟	中国电信股份有限公司汕头分公司
	养殖不等"贷" ——融资申报准确率、金融机构反馈效率的双提升	新希望六和股份有限公司

（续表）

届	金奖课题	获奖企业
第五届	数字员工助力宽融中台订单自动化率从50%提升至56%	中国联合网络通信有限公司北京市分公司
	锦囊妙具，一技制胜 ——包区店员融合场景FTTR发展由50户提升至250户	中国电信股份有限公司东莞分公司
	推广有"三化"，过会全"绿码" ——中成药产品过会率从50%提升至89.5%	太极集团有限公司
	甩得清，录得准 ——订单支撑中心人工录入差错率从5.5%压降至2.7%	中国电信股份有限公司中山分公司
	"抱"轮随技而升，"举"机轻而易举 ——抱轮牵引车靠接航空器对中准确率由90%提升至99.9%	深圳市机场股份有限公司
	上神一到，业绩狂飙 ——专线版商企入网渗透率由19%提升至55%	中国电信股份有限公司广州分公司
	拒绝坏账、颗粒归仓 ——应收未收托管费成功催收200万	中信银行股份有限公司贵阳分行
	"井"然有序"梯"纲挈领 ——工程部将非全砼结构的电梯井道砌筑时间由每层2天缩短到1天	绿城中国-浙西区域
	巧用小代码，分析大数据 ——仓库温湿度数据处理时间从480分钟降低至5分钟	江苏恩华药业股份有限公司制剂验证部
	保"贝"计划 ——理赔商机月均复购保费提升75%	慧择保险经纪有限公司

（续表）

届	金奖课题	获奖企业
第六届	流程做减法 细节做加法 ——自托辅助人员提高国内出港旅客行李自助托运率26.5%至42%	深圳市机场股份有限公司
	开启管家式销售，助力小合约成交 ——将客服代表小合约销售量从3 000单提升到9 000单	中国电信股份有限公司广东分公司
	开发成本降低10倍不是梦！3个月，烤箱温场开发人力成本由120人/天减少至10人/天	青岛海尔智能技术研发有限公司
	65天，用技控打通部门墙 ——攀岩式敏捷技控在组织场景中的应用	极电光能有限公司
	技术→数字化转型"4步曲" ——传感器采购降本1 000万	青岛海尔智能技术研发有限公司
	一称600万 提高入窖糟醅水分合格率85%到95%	安徽口子酒业股份有限公司
	机器人的"智能"进化攻略 ——在线智能机器人的独立接待会话占比从17%提升至30%	××智造企业
	"翼"闪送 终端1小时达 ——包区店在天翼商城下单到收货的时长从2天缩短至1小时	中国电信股份有限公司广东分公司
	民生无小事 技控来助力 ——受理分拨员将民生诉求工单平均分拨时长每万件43小时压降至15小时	中国电信股份有限公司深圳分公司
	从一杯奶到145吨奶的故事 ——4线灌装工三角杯月出成率从96.3%到97.4%	内蒙古蒙牛乳业（集团）股份有限公司
	掌握乾坤，一键即成 ——数据分析岗统计多维数据时间从80小时每次缩短到20小时每次	北京同仁堂科技发展股份有限公司

后　记

有一位物理学家制作了一组多米诺骨牌，共13张。

最小的一张长9.53毫米、宽4.76毫米、厚1.19毫米，还不如小手指甲大，作为第一张。然后以每张扩大1.5倍的比率，依次设计其余12张牌。之所以采用1.5倍这个比率，是因为按照数学计算和物理原理，一张骨牌倒下时能推倒的最大骨牌不超过自己的1.5倍。依次算下去，最大的第十三张牌长61毫米、宽30.5毫米、厚7.6毫米，大小相当于一张扑克牌，厚度相当于一张扑克牌的20倍。

这位物理学家通过精确的计算，把这套骨牌按适当间距排好，轻轻推倒第一张，然后第二张、第三张顺次倒下，当第十三张骨牌倒下时，其释放的能量比第一张牌倒下时整整增加20多亿倍。这种能量是以几何级数的形式增长的，所以可以产生巨大的力量。

研究者推算，如果继续制作骨牌，当第三十二张牌倒下的时候，所产生的力量将足以推倒帝国大厦。

我常常想，一个人如果只靠个人的力量做事，对一个时代和一个国家产生的影响可能微乎其微。但是，我们如果能把一个有益的方法分享出去，影响更多比我们更有力量的人，而这些人因为受益和认同又愿意继续分享下去，生生不息，就真的可能改变世界。

星星之火可以燎原。